PROBLEMAS INDOMÁVEIS

PROBLEMAS INDOMÁVEIS

Um guia para as decisões que nos definem

RUSS ROBERTS

Pesquisador da Universidade Stanford
e autor de *The Price of Everything*

ALTA BOOKS
GRUPO EDITORIAL
Rio de Janeiro, 2023

Problemas Indomáveis

Copyright © 2023 da Starlin Alta Editora e Consultoria Eireli.
ISBN: 978-85-508-1943-3

Translated from original Wild Problems. Copyright ©2022 by Russell Roberts. ISBN 9780593418253. This translation is published and sold by Penguin Random House, the owner of all rights to publish and sell the same. PORTUGUESE language edition published by Starlin Alta Editora e Consultoria Eireli, Copyright © 2023 by Starlin Alta Editora e Consultoria Eireli.

Impresso no Brasil – 1ª Edição, 2023 – Edição revisada conforme o Acordo Ortográfico da Língua Portuguesa de 2009.

Dados Internacionais de Catalogação na Publicação (CIP) de acordo com ISBD

R643p   Roberts, Russ
          Problemas Indomáveis: Um Guia Para Decisões que Nos Definem / Russ Roberts ; traduzido por João Costa. - Rio de Janeiro : Alta Books, 2023.
          192 p. ; 16cm x 23cm.

          Tradução de: Wild Problems
          Inclui índice.
          ISBN: 978-85-508-1943-3

          1. Autoajuda. 2. Problemas. 3. Decisões. I. Costa, João. II. Título.

2023-189   CDD 158.1
                                                  CDU 159.947

Elaborado por Vagner Rodolfo da Silva - CRB-8/9410

Índice para catálogo sistemático:
1. Autoajuda 158.1
2. Autoajuda 159.947

Todos os direitos estão reservados e protegidos por Lei. Nenhuma parte deste livro, sem autorização prévia por escrito da editora, poderá ser reproduzida ou transmitida. A violação dos Direitos Autorais é crime estabelecido na Lei nº 9.610/98 e com punição de acordo com o artigo 184 do Código Penal.

A editora não se responsabiliza pelo conteúdo da obra, formulada exclusivamente pelo(s) autor(es).

Marcas Registradas: Todos os termos mencionados e reconhecidos como Marca Registrada e/ou Comercial são de responsabilidade de seus proprietários. A editora informa não estar associada a nenhum produto e/ou fornecedor apresentado no livro.

Erratas e arquivos de apoio: No site da editora relatamos, com a devida correção, qualquer erro encontrado em nossos livros, bem como disponibilizamos arquivos de apoio se aplicáveis à obra em questão.

Acesse o site **www.altabooks.com.br** e procure pelo título do livro desejado para ter acesso às erratas, aos arquivos de apoio e/ou a outros conteúdos aplicáveis à obra.

Suporte Técnico: A obra é comercializada na forma em que está, sem direito a suporte técnico ou orientação pessoal/exclusiva ao leitor.

A editora não se responsabiliza pela manutenção, atualização e idioma dos sites referidos pelos autores nesta obra.

Produção Editorial
Grupo Editorial Alta Books

Diretor Editorial
Anderson Vieira
anderson.vieira@altabooks.com.br

Editor
José Ruggeri
j.ruggeri@altabooks.com.br

Gerência Comercial
Claudio Lima
claudio@altabooks.com.br

Gerência Marketing
Andréa Guatiello
andrea@altabooks.com.br

Coordenação Comercial
Thiago Biaggi

Coordenação de Eventos
Viviane Paiva
comercial@altabooks.com.br

Coordenação ADM/Finc.
Solange Souza

Coordenação Logística
Waldir Rodrigues

Gestão de Pessoas
Jairo Araújo

Direitos Autorais
Raquel Porto
rights@altabooks.com.br

Assistente da Obra
Gabriela Paiva
Patricia Silvestre

Produtores Editoriais
Illysabelle Trajano
Maria de Lourdes Borges
Paulo Gomes
Thales Silva
Thiê Alves

Equipe Comercial
Adenir Gomes
Ana Claudia Lima
Andrea Riccelli
Daiana Costa
Everson Sete
Kaique Luiz
Luana Santos
Maira Conceição
Nathasha Sales
Pablo Frazão

Equipe Editorial
Ana Clara Tambasco
Andreza Moraes
Beatriz de Assis
Beatriz Frohe

Betânia Santos
Brenda Rodrigues
Caroline David
Erick Brandão
Elton Manhães
Gabriela Nataly
Henrique Waldez
Isabella Gibara
Karolayne Alves
Kelry Oliveira
Lorrahn Candido
Luana Maura
Marcelli Ferreira
Mariana Portugal
Marlon Souza
Matheus Mello
Milena Soares
Viviane Corrêa
Yasmin Sayonara

Marketing Editorial
Amanda Mucci
Ana Paula Ferreira
Beatriz Martins
Ellen Nascimento
Livia Carvalho
Guilherme Nunes
Thiago Brito

Atuaram na edição desta obra:

Tradução
João Costa

Copidesque
Bianca Albuquerque

Revisão Gramatical
Karina Pedron
Evelyn Diniz

Diagramação
Catia Soderi

Montagem de Capa
Beatriz Frohe

Editora afiliada à:

Rua Viúva Cláudio, 291 – Bairro Industrial do Jacaré
CEP: 20.970-031 – Rio de Janeiro (RJ)
Tels.: (21) 3278-8069 / 3278-8419

ALTA BOOKS
GRUPO EDITORIAL

www.altabooks.com.br – altabooks@altabooks.com.br
Ouvidoria: ouvidoria@altabooks.com.br

Para Sharon

Gostos, cheiros, as sensações de calor e frio, a beleza, o prazer e todas as afeições e inclinações da mente, a sabedoria, loucura e a maioria dos tipos de probabilidade, com muitas outras coisas tediosas demais para enumerar, admitem níveis, mas não os têm, contudo, foram reduzidos à medida, nem, como entendo, jamais poderá ser (...). Até que nossas afeições e inclinações sejam reduzidas à quantidade, e as medidas exatas de seus vários níveis sejam atribuídas, em vão tentaremos medir a virtude e mérito por elas. Isso apenas muda as palavras e faz uma demonstração de raciocínio matemático, sem avançar um passo no conhecimento real.

— Thomas Reid, *An Essay on Quantity*, 1748.

A maioria das atividades, relações e formas de conhecimento profundamente importantes buscadas por seres humanos são aquelas em que uma pessoa pode apreciar com plenitude e a integrar em seu sistema de valores, apenas quando a elas estiver bem familiarizado.

— Agnes Callard, *Aspiration*.

A única coisa que torna a vida possível é a incerteza permanente e intolerável: não saber o que vem a seguir.

— Ursula K. Le Guin, *The Left Hand of Darkness*.

Os seres humanos não nascem de uma só vez no dia em que suas mães os dão à luz, a vida os obriga a se parirem repetidamente.

— Gabriel García Márquez, *O Amor nos Tempos de Cólera*.

A necessidade de certeza é a maior doença enfrentada pela mente.

—Robert Greene, *Mastery*.

Sumário

1. Problemas Indomáveis — 11
2. O Dilema de Darwin — 19
3. Na Escuridão — 29
4. Isso é Sério — 45
5. O Porco e o Filósofo — 57
6. O Florescimento é Importante — 69
7. O Complexo de Penélope — 87
8. Como se Superar — 109
9. Privilegie seus Princípios — 125
10. Seja como Bill — 145
11. Viva como um Artista — 157
12. Resumindo — 169

Agradecimentos — 175
Fontes e Leitura Adicional — 179
Índice — 187

PROBLEMAS INDOMÁVEIS

1

Problemas Indomáveis

Alguns anos atrás, estava caminhando com um amigo que me contou como ele e a esposa estavam indecisos sobre ter um filho. Foi me dito que ambos fizeram uma lista com os prós e contras sobre crianças e, mesmo depois disso, ainda não tinham certeza se era uma boa ideia. Meu amigo me pediu um conselho.

Eu disse a ele que ter filhos não é sobre "valer a pena". Porém, não tinha muito mais a acrescentar. Não pensei em perguntar-lhe se ele e a esposa achavam que tinham alguma ideia do que realmente era serem pais. Os custos que podem ser avaliado antes de ter filhos — menos tempo para trabalho e lazer, opções limitadas de férias, dinheiro gasto em fraldas, roupas, comida, educação, e assim por diante — dominam qualquer benefício imaginável.

Ter filhos pode parecer irracional. No entanto, muitos pais, inclusive eu, irão lhe dizer que seus filhos são fundamentais para a forma como eles se veem e experimentam a vida. Muitos diriam que é o que dá sentido às suas existências. Como podemos entender essa desconexão?

Decidir ter um filho é o que eu chamo de problema indomável — uma bifurcação na estrada da vida onde saber qual caminho é o certo não é óbvio, onde o prazer e a dor da escolha da jornada são, em última instância, escondidos de nós, onde o caminho que escolhemos define quem somos e quem podemos nos tornar. Problemas indomáveis são as grandes decisões com as quais todos nós temos que lidar ao longo da vida.

Muitos problemas indomáveis podem nos deixar nervosos e agitados. Saber qual é o melhor caminho não é algo a ser respondido até chegarmos àquela terra distante conhecida como futuro, uma terra que conhecemos completamente apenas quando chegamos nela. Isso tende a nos desanimar. E desencorajados, procrastinamos.

Como devemos proceder, então, especialmente se queremos tomar uma decisão racional? Uma estratégia óbvia é importar ajuda de outros desafios que enfrentamos e sabemos como resolver. Para vencer o trânsito ou desenvolver uma vacina contra o coronavírus, por exemplo, contamos com dados informativos, algoritmos que podem ser testados, experimentos e replicados. Para certos problemas — eu os chamo de problemas domesticados — a aplicação implacável da ciência, da engenharia e do pensamento racional leva a um progresso constante.

Porém, as grandes decisões que enfrentamos na vida, os problemas indomáveis — casar, com quem casar, ter filhos, que carreira seguir, quanto tempo dedicar aos amigos e familiares, como resolver dilemas éticos diários — essas grandes decisões não podem ser tomadas com os dados, a ciência ou as abordagens racionais usuais.

Formei-me como economista na Universidade de Chicago. Fomos ensinados que a Economia é o guia para fazer escolhas racionais na vida. Aprendemos a importância dos *trade-offs* e o que é chamado de custo de oportunidade — o que abdicamos quando escolhemos uma coisa em detrimento de outra. Fomos ensinados que tudo tem um preço — tudo envolve uma troca. Nada tem valor infinito. Passei a acreditar que, quando se trata das grandes decisões da vida, esses princípios podem nos desviar do caminho.

Esculpida na parede do prédio que abriga o Departamento de Economia, na Universidade de Chicago onde cursei meu doutorado, está uma citação de Lorde Kelvin: "Quando você não pode medir ou expressar em números, seu conhecimento é escasso e insatisfatório." O mundo moderno levou Lorde Kelvin a sério. Primeiro, nas ciências exatas, depois, conquistou espaço nas ciências sociais, então até as ciências humanas abraçaram a ideia de avaliar — coletar dados — e melhorar o processo que produz a aferição, de modo a usar essas medições para se fortalecer, tornar-se mais produtivo e saudável, esse é o caminho para uma vida melhor.

Mas os problemas indomáveis resistem à avaliação. O que funciona para você pode não funcionar para mim e o que funcionou para mim ontem, pode não funcionar amanhã. Os problemas indomáveis são selvagens, indomesticáveis, espontâneos, orgânicos e complexos. Eles são uma besta totalmente diferente em comparação com os problemas domesticados em que as técnicas padrão de racionalidade nos movem constantemente para a frente.

Durante a maior parte da história humana, autoridade e tradição — os reis que nos governaram, nossos pais, a religião em que nascemos, a cultura que nos cercou — domaram os problemas indomáveis que enfrentamos. Os reis estão mortos. O domínio da religião se afrouxa constantemente. Tradição? Livramo-nos dela e nos imaginamos como lousas em branco onde seguramos a caneta-piloto e podemos nos desenhar do jeito que gostaríamos de ser, livres de todas as restrições.

Problemas Domesticados	Problemas Indomáveis
As metas são claras e avaliadas objetivamente.	As metas são subjetivas e difíceis de avaliar.
Como chegar a Chicago a partir de Nova York.	Querer ir para Chicago.

Problemas Domesticados	Problemas Indomáveis
Técnicas para o sucesso podem ser testadas e verificadas. Receitas funcionam.	Não existe manual, roteiro, receita ou algoritmo para o sucesso.
Fazer uma omelete.	Escrever *Hamlet*.
As reivindicações podem ser verificadas; resultados podem ser replicados.	Os caminhos para o sucesso não se repetem.
Ciência.	Arte.
Pousar na Lua.	Criar filhos.
Aumentar a vida útil da bateria de um telefone celular.	Escolher uma carreira.
O Problema da Secretária (ver o capítulo 7).	Decidir com quem se casar.
Xeque-mate em três lances.	Vida.

O que antes era destino é agora uma decisão. Isso é glorioso, mas também é desafiador e, muitas vezes, inquietante. A escolha oferece o potencial para uma vida melhor. Mas como nos conduzimos nesse cenário de liberdade quando não há receita, algoritmo ou aplicativo para nos dizer o que fazer?

Uma resposta para o desafio dos problemas indomáveis é tentar avaliar o que você pode, e fazer o seu melhor para quantificar o que não pode. Isso parece melhor do que nada, e o próprio processo de coletar mais informações acalma seus nervos. "Estou progredindo em direção à resposta certa", você diz a si mesmo. "Está dando um passo na direção certa."

Entretanto, a direção pode estar errada. Se não tomar cuidado, você será como uma pessoa contando com a iluminação pública para procurar por chaves perdidas. *"Você as perdeu aqui?"* É a pergunta de um transeunte que se voluntaria para ajudar. *"Não"*, responde quem está procurando pelas chaves, *"mas a luz é melhor aqui"*. Usar uma lanterna para tornar a área sob a luz da rua ainda mais brilhante pode parecer uma resposta racional, mas se as chaves estiverem longe da luz e no fundo das sombras, você está apenas se enganando ao pensar que está chegando perto de encontrá-las. Ao se concentrar no que conhece e pode imaginar, está ignorando toda a gama de opções disponíveis.

Quando fiz uma observação semelhante no Twitter, um de meus seguidores elaborou bem o desafio com uma pergunta: "Se as coisas importantes são difíceis de avaliar e as coisas mensuráveis são enganosas, que tipo de estrutura de decisão nos resta?"

Este livro é a minha resposta a essa pergunta. E é o que eu teria dito ao meu amigo com dificuldade em seu problema indomável sobre a paternidade se a caminhada que fizemos naquele dia tivesse sido muito mais longa.

Eu não posso dizer se você deve se casar, ter um filho ou ir para a faculdade de Direito. O que vou fazer aqui é ajudá-lo a pensar em como enfrentar esses problemas sem esquecer o que está em jogo. Com base na percepção de filósofos, economistas, um técnico de futebol, alguns poetas, talvez o maior cientista de todos os tempos, e minha camareira no Parque Nacional de Grand Teton, eu lhe apresento uma filosofia de como enfrentar a incerteza, que é o nosso inevitável destino como humanos.

Em vez de gastar mais tempo tentando tomar a decisão certa, mostro a você que, muitas vezes, ao menos não como entendemos o termo, não há decisão correta. Dou-lhe conselhos sobre como conduzir a vida. Para onde ir é com você. O resultado é um conjunto de diretrizes, não apenas para como encarar as decisões, mas para construir uma vida bem vivida. E ao longo do caminho, talvez você fique menos nervoso e um pouco mais sereno.

Vamos começar analisando como um dos maiores cientistas de todos os tempos lidou com seu próprio problema indomável.

2

O Dilema de Darwin

Em 1838, Charles Darwin enfrentou um problema indomável. Perto de seu trigésimo aniversário, ele tentava decidir se deveria se casar — com a probabilidade de que filhos fizessem parte do pacote. O cientista fez uma lista dos prós e contras relacionados à decisão. E, na verdade, temos essa lista em sua própria caligrafia em diário.

No alto de duas páginas, escreveu "Eis a questão", uma referência, talvez, à importante questão de Hamlet, a pergunta que Camus pensava ser a questão fundamental da Filosofia — "ser ou não ser". Para Darwin, a questão era casar ou não casar.

Casar	Não Casar
Filhos — (se for do agrado de Deus).	Sem filhos (sem uma segunda vida), ninguém para cuidar na velhice.
Companheira constante (e uma amiga na velhice) que se sentirá atraída.	Qual é a utilidade de trabalhar sem a empatia de amigos próximos e queridos — e quem são os amigos próximos e queridos de um senhor senão parentes.
Objeto para ser amado e para se divertir — de toda forma, melhor do que um cachorro.	Liberdade para ir onde quiser — algumas reuniões e conversas com cavalheiros inteligentes em clubes.
Um lar e alguém para cuidar da casa.	Não ser forçado a visitar parentes e a se curvar a cada frivolidade.
Os encantos da música e conversar com uma mulher — tais coisas são boas para a saúde.	Ter a despesa e a ansiedade das crianças — talvez se aborrecer. Perda de tempo — não poder ler à noite — obesidade e ociosidade — ansiedade e responsabilidade — menos dinheiro para livros, etc. — Se tiver muitas crianças é necessário o ganha-pão.
Ser forçado a visitar e receber parentes, uma terrível perda de tempo.	(Mas, de novo, é muito ruim para a saúde trabalhar demais).
	Talvez minha esposa não goste de Londres; então, a sentença é o banimento e degradação a um tolo estado de indolência.

Do lado esquerdo, está a tentativa de imaginar como seria ser casado. Do lado direito, tentou imaginar o oposto.

Darwin tentava imaginar os prós e contras diários da vida de casado e como seria quando os experimentasse no futuro. Meu amigo e sua esposa — que estavam lutando para tomar uma decisão sobre ter um filho — fizeram a mesma coisa. Esta parece ser a essência da racionalidade. Faça a melhor estimativa do seu bem-estar esperado a partir de uma decisão versus outra. Escolha aquela com maior nível de vantagens. Evidentemente, é impossível saber como as coisas realmente vão acontecer. E, certamente, depende de com quem você acaba se casando. Mas você faz o melhor que pode com as informações que tem.

Fazer uma lista de prós e contras parece uma boa ideia para lidar com qualquer problema, indomável ou domesticado. Darwin não inventou a técnica. Provavelmente é tão velha quanto Eva no jardim enfrentando o problema indomável de comer ou não aquela fruta. (Desvantagens: vai incomodar o Jardineiro-chefe, a ignorância é uma benção, ganhar conhecimento pode vir com desvantagens inesperadas. Vantagens: a Serpente parece ser bem agradável, a fruta proibida é mais doce, e assim por diante.) Mas como veremos, a lista de custo-benefício que Darwin fez ameaça levá-lo ao erro. Vamos dar uma olhada em sua lista.

A "terrível perda de tempo" sugere que Darwin estava profundamente preocupado sobre como o casamento poderia reduzir sua produção científica. Em sua autobiografia, Darwin fala do método baconiano — o método científico que surgiu dos escritos de Francis Bacon. Embora não seja amplamente lido hoje, Bacon foi o Lorde Chanceler do rei Jaime I e, sem dúvidas, o homem mais brilhante de sua época; ele ainda era bem conhecido na Inglaterra de Darwin mais de dois séculos depois. Eu me pergunto se Darwin foi assombrado pelo ensaio de Bacon *Of Marriage and Single Life* [*Do Casamento e do Celibato*, em tradução livre], onde argumentou que apenas os solteiros podem alcançar a grandeza.

> Aquele que tem esposa e filhos deu reféns ao destino; pois são impedimentos para grandes empreendimentos, sejam virtuosos ou danosos. Certamente, as melhores obras e de maior mérito para o povo, procedem de homens solteiros ou sem filhos; que, tanto em afeto quanto em meios, casaram-se e dotaram o povo.

"Reféns do destino." Bacon definitivamente estava diante de um problema. Uma vez casado e com filhos, você perde muito controle sobre seu destino. É refém dos eventos aleatórios e inevitáveis — o que Bacon quis dizer com "destino" — que atingem nossos entes queridos. E, é claro, os membros da sua família têm expectativas sobre como você gasta seu tempo e dinheiro. Você pode acabar abandonando a cidade que ama por uma vida mais rural, só para começar.

Bacon, aliás, pode não ser a autoridade mais confiável sobre a vida conjugal. Ele permaneceu solteiro até antes dos 45 anos de idade, casando-se com Alice Barnham na época de seu décimo quarto aniversário; ele a notou pela primeira vez como uma "bela donzela ao meu gosto" quando ela tinha 11 anos de idade. Eles nunca tiveram filhos. Alguns meses antes de sua morte, Bacon retirou Alice de seu testamento por "grandes e justas causas". Onze dias após a morte de Bacon, Alice se casou com o administrador de sua propriedade. Você não precisa ser Sherlock Holmes para conectar esses pontos. A experiência pessoal de Bacon pode ter influenciado sua visão de casamento.

Mas não era irracional para Darwin se preocupar que a vida de casado — especialmente com filhos — pudesse ser um empecilho para sua produtividade científica. Ele entendeu corretamente que o casamento com filhos reduziria sua autonomia. Ele não mostra nenhum sinal de interesse por crianças, além de uma forma de seguro de aposentadoria e os danos colaterais inevitáveis que vieram junto com o matrimônio, descrevendo-os em seu diário como uma fonte de "despesa e ansiedade."

Décadas antes do dilema do casamento de Darwin, Benjamin Franklin, que muitas vezes esquecemos que era um excelente cientista, sugeriu uma técnica para tornar uma lista como a de Darwin um pouco mais prática.

Em 1772, Joseph Priestley — que viria a descobrir o oxigênio — estava considerando uma mudança de carreira que lhe daria um padrão de vida muito mais elevado. Mas isso envolveria ter um patrono rico cujos amigos e sociedade eram estranhos para ele e sua esposa. Isso poderia acabar muito mal. Ele se voltou para seu amigo Benjamin Franklin em busca de conselhos. Franklin escreveu a Priestley dizendo que, embora não pudesse lhe dizer qual era a escolha certa, poderia ao menos lhe dar um método para tomar a decisão, uma maneira de tornar seu problema indomável um pouco mais domesticado.

Franklin disse a Priestley para pegar um pedaço de papel e traçar uma linha no meio, criando duas colunas, uma de prós e outra de contras. A virtude dessa técnica, escreveu Franklin, era que, quando enfrentamos um problema indomável, nossa mente às vezes se concentra em um conjunto de efeitos e depois em outro. Ao tirar alguns dias para tentar acumular todos os prós e contras, podemos pesquisá-los todos ao mesmo tempo.

Até agora, não é muito diferente do que Darwin fez, mas Franklin dá um passo adiante. Ele encoraja Priestley a analisar os prós e os contras e "se esforçar para estimar seus respectivos pesos". Quando ele vê um pró que tem aproximadamente a mesma magnitude de um contra ou três prós que somam dois contras, eles se cancelam e deve-se riscá-los. E, ao fazer isso, Priestley pode descobrir "onde está o equilíbrio" e, assim, "chegar a um denominador comum".

Franklin admite que tal exercício tem um grande componente subjetivo. Ele escreve que "embora o Peso das Razões não possa ser aferido com a Precisão das Quantidades Algébricas", tal estratégia reduz as chances de dar um "passo precipitado". Franklin chama sua estrutura de "álgebra moral ou prudencial", uma tentativa inicial de tornar a tomada de decisões matemática e rigorosa.

Cerca de duzentos anos depois de Franklin, o psicólogo e vencedor do Prêmio Nobel, Daniel Kahneman, sugeriu fazer algo semelhante quando se está tentando decidir sobre o melhor candidato a uma vaga de emprego durante uma contratação. Sem cuidado, você pode se encantar com a personalidade de alguém ou com uma primeira impressão enganosa. Ou uma reação instintiva a algum atributo ou outro pode fazer com que você supervalorize um candidato. É melhor decidir antecipadamente as seis principais particularidades importantes para o trabalho, atribuindo a cada candidato uma pontuação de 1 a 5 em cada uma delas com base na entrevista, contato com as referências, uma amostra de redação e o que mais você tiver. Em seguida, some as pontuações e contrate a pessoa com o melhor resultado.

Veja como o sistema classificaria dois candidatos, Alice e Bob:

Atributo	**Candidato A**	**Candidato B**
Habilidade técnica	5	3
Confiabilidade	5	2
Sociabilidade	2	3
Habilidade de comunicação	1	5
Habilidade de escrita	3	1
Ética profissional	5	3
TOTAL	21	17

Bob se sai muito melhor na entrevista — ele tem vantagem nas habilidades verbais e sociais. Mas Alice tem pontos fortes que talvez não fiquem aparentes nesta primeira etapa. Usando toda a gama de características importantes, você pode obter uma medida mais objetiva de qual candidato é o melhor. E se acha que as seis habilidades são de importância diferente, você pode calculá-las concordemente para produzir uma pontuação numérica.

Tal sistema vê um ser humano complexo e o reduz a um número. Em termos matemáticos, esse sistema usa uma matriz — numérica, uma tabela — e a converte em algo mais simples, em um único número.

Quando você pensa em comprar uma casa, analisa sua localização, a quantidade de quartos, o tamanho da cozinha, e assim por diante. Cada casa conta irregularidades e formas diferentes. Portanto, geralmente contamos com uma única forma — a metragem quadrada — para descobrir qual é maior. O tamanho da cozinha pode me importar de forma independente porque adoro cozinhar (ou porque não me importo nada com essa atividade), mas certamente a metragem quadrada supera uma lista de diferentes cômodos e seus respectivos tamanhos. A capacidade de reduzir a complexidade a um único número para que você possa fazer comparações tem muito poder.

O nome matemático para um número que descreve conceitos físicos como área é *escalar*. Sua origem é a palavra em latim para *escada*, *scala* — algo que o ajuda a subir. É a mesma palavra em latim para *escala* — um substantivo, para nomear coisas que ajudam a medir ou um verbo, como escalar os picos mais altos, subir.

Uma *escalar* facilita o encaixe de coisas em uma única escala para, então, torná-las comparáveis. Elas simplificam o que é complicado. Como humanos, somos realmente bons em: mais pesados, mais altos, mais altos, mais baixos, maiores, menores. Somos ótimos em comparar números e decidir se um é maior, menor ou igual ao outro: 1.000 é maior que 10; 17,3 é maior que 17,1. Fazer essas comparações é tão fácil que as realizamos sem pensar.

O conselho de Franklin para Priestley é, essencialmente, a mesma coisa. Ao procurar combinações de prós e contras que são aproximadamente iguais, ele está sugerindo que há uma escala que permite que os prós e contras sejam medidos de forma aproximada e avaliados em comparativos.

Uma matriz é confusa. As lições são difusas. Uma *escalar* é clara e precisa. Essa precisão é o que as torna atraentes... Mas a utilidade e a precisão dessa medida dependem da necessidade de aparar suas arestas e, assim, transformar um conjunto complexo de informações em um único número.

Superficialmente, a solução de Kahneman para contratar — forçando as pessoas a atribuir um número — torna a decisão mais precisa, exata e científica. Como Kahneman escreve em seu livro *Rápido e Devagar: Duas Formas de Pensar*: "Sempre que pudermos substituir o julgamento humano por uma fórmula, devemos, pelo menos, considerá-lo."

Se não formos cuidadosos, esquecemos essa última frase e erroneamente sentimos que sempre que pudermos substituir o julgamento por uma fórmula, devemos fazê-lo. Estamos sempre em busca de uma fórmula, um cálculo que elimine a incerteza. As fórmulas são simples. Isso é um recurso, mas também um problema. A vida é complicada.

Atribuir pontuações às características relevantes de um candidato a um emprego utiliza a informação subjetiva incorporada em uma entrevista desconexa e a transforma em algo que parece objetivo — um único número. É difícil resistir a essa ânsia de quantificar, de transformar informações qualitativas subjetivas ou sutis em algo mais preciso, como um único número. É a promessa da possibilidade de domesticar um problema indomável. Quando se trata de tomada de decisão, escalares — números brutos como o índice construído para Alice e Bob — permitem-nos imaginar que podemos fazer comparações confiáveis e isso, por sua vez, nos encoraja a imaginar que é possível olhar para o futuro e fazer a melhor decisão entre as escolhas que temos pela frente.

Mas a racionalidade de uma lista de custo-benefício do bem-estar esperado das decisões que tomamos diante de problemas indomáveis é, na verdade, uma ilusão. Vamos ver o porquê.

3

Na Escuridão

Quando Darwin tentava decidir se deveria se casar, a informação que realmente queria era: como sua vida seria se decidisse pelo matrimônio em oposição a como seria sendo um homem solteiro. Fazer uma lista de prós e contras ao enfrentar universos alternativos é uma forma de tentar imaginar como cada escolha se sairá. Isso parece racional e é uma versão que tenta maximizar o que os economistas chamam de utilidade esperada — a expectativa de bem-estar para o futuro.

Vamos organizar a lista de Darwin, tornando-a um pouco mais fácil de visualizar. Há uma mistura de prós e contras nas colunas "Casar" e "Não casar". Poderia ser mais fácil avaliar os efeitos da decisão se ela fosse reorganizada como prós e contras da escolha do casamento:

Prós do Casamento	Contras do Casamento
Companhia	Possibilidade de deixar Londres
Objeto para diversão, melhor que um cachorro	Perda de autonomia
Encantos da música	Nenhuma conversa inteligente com homens em clubes
Conversa com uma mulher	Perder tempo entretendo os parentes da esposa
Filhos para cuidar de você na velhice	Perder tempo visitando os parentes da esposa
Talvez melhor saúde, se a esposa o impedir de trabalhar de maneira muito obsessiva	Gastos com filhos
	Ansiedade por causa dos filhos
Alguém para cuidar da casa	Ansiedade geral com a responsabilidade familiar
	Sem leitura à noite
	Talvez tenha que arranjar um emprego de verdade para sustentar a família

Com a reorganização da lista de Darwin é mais fácil perceber que ele conseguiu apresentar muito mais desvantagens do que vantagens quanto ao casamento, e que muitas das desvantagens são sobre perder tempo. Embora Darwin não escreva explicitamente, seu maior ponto negativo está bem claro. Canalizando seu Francis Bacon interior, Darwin se preocupa em ter menos tempo para sua pesquisa científica com o casamento. Ele será refém do destino, irá se tornar menos produtivo e pode não vir a ser um grande cientista. O que fazer?

Imagino Darwin me convidando para sua casa na Great Marlborough Street para um drinque e uma conversa. Fico lisonjeado, pois mal o conheço. Eu só o vi do outro lado da sala no clube ao qual ambos pertencemos. Por que ele me convidou? Sentamo-nos diante de sua lareira para um bate-papo masculino, tentando dissipar o constrangimento. Ele me pergunta como foi minha semana. Eu respondo que foi tudo bem. Ele quer saber no que estou trabalhando. Digo a ele que estou escrevendo um livro sobre tomada de decisões. "Que providencial", ele responde — ouviu isso de amigos em nosso clube. Ele confessa que está com dificuldade em uma decisão.

Sorrio, pois, agora relaxado, entendo por que ele me convidou. Tomo um gole do copo de Laphroaig colocado na mesinha ao lado da poltrona com espaldar alto que me aconchega. Eu fico em silêncio, pois quero dar a ele uma chance de se abrir. Com alguma inquietação, o homem me passa um pedaço de papel. No topo, vejo o título: "Esta é a pergunta." Eu levo um tempo tendo dificuldade com a caligrafia ruim de Darwin e combatendo a urgência de falar. Olho para o fogo, tentando decidir como responder.

Devo contar a ele sobre a álgebra moral de Franklin em sua carta a Priestley? Franklin era um bom amigo do avô de Darwin, Erasmus. O pai de Darwin visitou Franklin em Paris. Talvez a abordagem de Franklin e a história da família o agradem. Mas eu me preocupo que Franklin vá enganar Darwin. Então decido não fazer menção a isso.

No fim, é Darwin quem quebra o silêncio. Ele quer saber o que eu penso. Olho para além do fogo e sinto seu desconforto. E sendo um mero economista na presença de um gigante da ciência, hesito. Este é o homem que em sua viagem no navio HMS Beagle preencheu 770 páginas em seu diário, tomou 1.750 páginas de anotações e catalogou 5.436 tipos de peles, ossos e carcaças. Que estudou cracas por oito anos. Que fez um experimento de 29 anos com minhocas para seu último projeto científico: *A formação de mofo vegetal pela ação de vermes, com observações sobre seus hábitos*. Embora talvez o livro não seja um divisor de águas, suspeito que tenha sido um estudo empírico bastante completo sobre vermes e seu comportamento.

Como posso dizer a Charles Darwin que ele não compilou dados suficientes?

Como todos nós, Darwin estava no escuro sobre o futuro. E pior, como todos nós que enfrentamos um problema indomável, Darwin também estava no escuro sobre quanta escuridão o cercava.

Em sua obra *Transformative Experience* [*Experiência Transformadora*, em tradução livre], L. A. Paul usa a escolha de se tornar um vampiro como uma metáfora para as grandes decisões que são o foco deste livro. Você é incapaz de imaginar como será antes de se transformar em uma dessas criaturas. Sua experiência atual não inclui como é subsistir com sangue e dormir em um caixão quando o sol está brilhando. Parece triste? Mas a maioria, talvez todos os vampiros que você conhece falam muito bem dessa vivência. Pesquisas revelam um alto grau de felicidade da raça.

Mas será bom para *você* — quem você realmente é, não uma média experimentada pelos outros — um ser humano de carne e osso que viverá a experiência em tempo real? Ah, essa é uma pergunta diferente. Você não tem informações sobre isso.

E a única maneira de obter esses dados é dar um salto de fé (ou neste caso, de antifé, talvez) no Mundo Vampírico. Depois de feito e da descoberta de que você não se importa com uma dieta totalmente líquida e rica em hemoglobina, não há como voltar atrás.

Uma das partes mais estranhas da decisão, como Paul aponta, é que uma vez vampiro, o que você gosta e o que não gosta sofrem mudança. Como humano, é possível achar o narcisismo repugnante, porém, para os vampiros, o sentimento é revigorante, eles olham para seus eus mais humildes e não vampiros do passado com desdém. Qual "você" deve ser considerado ao decidir o que é o melhor? O atual ou o que se tornará?

Parece tolo, mas não é tão diferente de muitos problemas indomáveis que enfrentamos — seja se casar, ter filhos, aderir ou deixar a religião na qual você cresceu. Muitas decisões envolvem quebra de laços, partir para uma nova experiência que o mudará de maneiras inimagináveis, incluindo o que lhe é importante e o que lhe traz alegria ou tristeza, doçura ou amargura, sol ou sombra. A fotógrafa Jessica Todd Harper descreve a experiência de se tornar mãe em sua brilhante coleção de fotografias de família em seu livro *The Home Stage* [O Palco Doméstico, em tradução livre]: "Eu entrei em um mundo alternativo e estranho: um mundo predicado por nossos filhos. Perguntava-me com o que exatamente eu me preocupava tanto antes de tê-los."

A lista de Darwin nos diz mais sobre ele do que sobre o casamento. Seus prós e contras — especialmente os prós — são os de uma pessoa que nunca foi casada e não tem acesso ao lado positivo da vida em matrimônio. A ignorância de Darwin é parte do motivo pelo qual seus pontos negativos sobre o casamento (banimento! degradação! indolência tola!) são tão enfáticos e os positivos são tão leves (conversar com uma mulher).

E observe que não há quase nada na lista de Darwin que sugira que ele estará compartilhando sua vida com outra pessoa além das possíveis demandas de tempo e onde ele pode ter que viver. Todos os prós e contras estão relacionados aos seus próprios sentimentos e ao que ele deseja vivenciar. Você pode pensar que isso é razoável — é claro que o que acontece com ele é o que importa.

Mas não há nada na lista de Darwin sobre devoção a outro ser humano, sobre o amor ou aos prazeres e dores de se apegar a alguém, se possível, por toda a vida, até que a morte os separe, como era a norma no século XIX. Nada sobre o prazer de fazer outra pessoa feliz, nada sobre a oportunidade de aliviar as tristezas de seu cônjuge. Ou como a presença e devoção dela podem afetá-lo, além de um bate-papo. A única dica de uma vida compartilhada com alguém de quem você gosta e que se importa com você é a frase: "Objeto para ser amado e para se divertir — de toda forma, melhor do que um cachorro." É tudo sobre ele, o que faz sentido — o homem nunca teve uma parceira. Como ele saberia sobre a intensidade de uma vida compartilhada?

E nada do lado ruim de assumir responsabilidades, exceto respeitar seus desejos sobre onde morar e passar tempo com seus parentes. Nada sobre os custos intangíveis que um casamento ruim pode trazer, de ficar preso pela perda de autonomia. As pessoas que se sentem presas em um casamento ruim perdem mais do que a capacidade de trabalhar quando quiserem. Não é apenas sobre como você quer assistir a filmes que seu cônjuge não gosta, ou sua preferência as montanhas à praia na hora de decidir sobre as férias. Um sentimento de arrependimento pode sobrecarregar tudo o que você faz e vivencia em um casamento ruim.

A lista de Darwin se baseia em uma visão exterior do casamento. Como a pessoa que procura chaves perdidas sob o brilho da luz de um poste, a lista de Darwin tem base no que ele pode ter observado quando jovem, em encontros inevitavelmente breves com casais em ambientes relativamente formais. Tais encontros não são irrelevantes. Mas a parte de um casamento visível para um estranho é apenas um vislumbre bem pequeno da experiência. Na presença de outras pessoas, a maioria dos casais tem menor propensão a brigas ou a expor as falhas em seu relacionamento. O maior mistério não é o que acontece por trás das portas fechadas quando os casais são livres para serem eles mesmos, mas sim o que acontece por trás de olhos fechados quando homens ou mulheres casados refletem sobre como o casamento altera em seu senso de identidade e como isso afeta o resto de sua experiência de vida.

Juntar-se a um casal para um jantar agradável pode lhe mostrar como eles se dão bem e se são felizes. Mas você tem pouco acesso à sua vida privada. Esse mundo interior oculto estabelece uma assimetria à medida que tentamos imaginar o contexto em que viveremos, se quisermos dar o salto no escuro ao enfrentar um problema indomável. Como meu amigo e sua esposa tentando decidir se terão filhos, o futuro é opaco e uma boa parte dele é simplesmente inimaginável. Quando você é solteiro, o casamento e a paternidade parecem ter muitas restrições, com pouco a ser ganho em troca.

Cerca de cinco anos atrás, decidi participar de um retiro de meditação de cinco dias que foi passado quase inteiramente em silêncio. Preocupei-me com a minha capacidade de ficar em silêncio durante todo esse tempo e com o estresse que isso causaria em minha psique. Eu seria capaz de ficar sem verificar e-mail por cinco dias? E eu nunca tinha meditado antes. Eu seria capaz de me sentar no chão ou em uma cadeira, quase imóvel, por quarenta e cinco minutos de cada vez, várias vezes ao dia, em silêncio? À medida que a data do retiro se aproximava, eu me perguntava sobre minha capacidade de manter o programa pelos cinco dias completos.

Quando chegamos, nos pediram para não interagirmos com os outros participantes de forma alguma durante as sessões de meditação. Se alguém estava chorando — e as pessoas, inclusive eu, às vezes choravam durante essas sessões — diziam-nos para não os confortar ou perguntar se estavam bem. Durante as refeições, sentávamos em silêncio. Se você quisesse sal, pimenta ou água, não era permitido gesticular para que eles fossem passados; você se levantava e pegava o que queria. Ao passar por alguém no corredor, não deveria fazer contato visual ou cumprimentá-lo.

Parece divertido? Não foi. Mas acabou sendo uma das experiências mais extraordinárias da minha vida. Eu fiz o mesmo retiro duas vezes desde então e achei emocionalmente avassalador. Mudou a maneira como penso sobre muitas coisas, mas especialmente sobre mim mesmo. Acalmou-me de maneiras que permaneceram comigo muito tempo depois do fim.

Quando conto às pessoas sobre a experiência, uma reação frequente é: "Eu não conseguiria. Ficar sem falar por cinco dias. Eu enlouqueceria." Digo a eles que o "não falar" foi a parte mais fácil. Na verdade, foi incrivelmente libertador. Com o passar dos dias, o tempo passado em silêncio tornou-se mais intenso, mais poderoso. Meu despertar de vida naqueles cinco dias tinha uma textura e sabor que é difícil de traduzir em palavras. Mas às vezes era emocionante e nada parecida com qualquer coisa que eu já havia experimentado.

Você pode estar se perguntando como eu dei o salto para participar, já que antes de decidir ir, eu também estava no escuro. Minha filha, tendo participado de eventos semelhantes, achou que eu poderia gostar e me beneficiar disso. Antes de ir, conversei com outras pessoas que participaram de atividades semelhante e perguntei se havia algum efeito a longo prazo que eles apreciassem, e suas respostas foram positivas. Então, em parte, para me aproximar de minha filha experimentando algo já vivido por ela, e em parte, porque eu esperava que fosse bom para mim, decidi ir. Mas nenhuma das pessoas com quem falei com antecedência conseguiu me descrever precisamente como seriam esses cinco dias.

Escrevo isso não para lhe dizer que você deve fazer um retiro de meditação silenciosa. Digo isso porque você pode pensar que tal experiência é muito parecida com não falar por uma hora, porém é mais. E porque você ficou em silêncio por uma hora enquanto assistia a uma palestra, digamos, presume que tem a capacidade de imaginar como é fazer um retiro de silêncio por cinco dias. Mas acontece que há um efeito não linear em fazer silêncio — você não pode imaginar o poder acumulado da quietude prolongada até que o experimente. Também não pode imaginar como passar por essa experiência pode lhe transformar além dos cinco dias. Neste momento, você acha a ideia de suportar cinco (dez ou trinta) dias de silêncio como obviamente irracional. Mas é difícil precisar o que é racionalidade sem experimentar uma das escolhas que você está enfrentando.

O casamento — especialmente o casamento com filhos — não é adequadamente resumido pela frase "ter que compartilhar seu espaço de vida com outras pessoas que ocasionalmente exigirão seu tempo". O casamento é muito mais do que apenas ter muita proximidade com outra pessoa. Isso é ter uma colega de quarto, não uma esposa ou marido. E se você está dormindo com sua colega de quarto, isso ainda não expressa o que é estar casado com alguém por muito tempo.

Para Darwin, olhando de fora, o casamento é predominantemente sobre as coisas que ele precisará abrir mão. E o matrimônio envolve restrições. Ser casado significa que você não pode necessariamente viver onde quer — pode ter que sair de Londres. Você não pode fazer o que quiser com seu tempo — então o casamento pode significar que você não pode mais assistir às nove horas de futebol com as quais se acostumou aos domingos no outono e inverno. Sua liberdade sexual é quase certamente limitada. É tudo sobre "não pode".

Da mesma forma, o que significa ter filhos? Muito mais "não pode". A paternidade é quando você não pode mais sair de férias de verdade. Não pode comprar aquele carro novo que quer porque ele não tem banco traseiro. Além disso, precisa economizar para a faculdade, pagar a babá, comprar as fraldas — você não pode comprar aquilo que gostaria de ter. A paternidade significa impossibilidade de ir para a cama até que seu filho adolescente esteja em casa em segurança depois de voltar de uma festa.

E isso é só para o homem. Para a mulher, a lista é muito mais longa: coisas que não pode comer ou beber durante a gestação, complicações de saúde da gravidez, risco de morte no parto e, em nossa cultura atual, um conjunto muito mais difícil de *trade-offs* entre trabalho e casa do que o enfrentado pelo homem ou por você antes de ser mãe. Quem precisa disso?

Em seu livro *The Rationalist's Guide to the Galaxy* [O Guia do Racionalista das Galáxias, em tradução livre], Tom Chivers conta a história de Katja Grace, que estuda o impacto da inteligência artificial e que, no momento em que Chivers a conhece, está pensando em ter um filho. Para entender como é ter um bebê, Grace adquire um bebê robô que chora quando é colocado no chão e chora várias vezes no meio da noite, simulando como é ter que ficar sem dormir por causa da alimentação ou troca de fralda.

Chivers descreve isso como um "experimento sensato" que ajudaria a Grace a decidir se a maternidade é para ela ou não. Não posso concordar. Cuidar de um bebê robô é tão próximo da desvantagem da maternidade quanto ficar quieto durante uma breve palestra equivale a se calar por cinco dias. A escritora Elizabeth Stone disse isso de uma forma dolorosamente boa: "Tomar a decisão de ter um filho — é importante. É decidir para sempre ter seu coração andando fora do seu corpo."

E os benefícios de ser pai? Do lado de fora, as pessoas casadas com filhos são tolas que cometeram um erro enorme. Onde está a vantagem? Desenhos ruins que você tem que colocar na geladeira, fingindo que são um sinal de potencial prodigioso? Horas passadas no frio em jogos de futebol onde ninguém faz um gol, o tempo todo ouvindo os pais gritarem: "Vai, corre!"? Ler histórias de ninar para filhos pequenos e analfabetos? Ter uma desculpa para comprar uma minivan? As recompensas parecem escassas para os sacrifícios que as crianças exigem.

E embora eu estivesse brincando sobre a minivan, às vezes as recompensas não são recompensas. São tormentos. Essa é uma das razões pelas quais as pessoas se divorciam. Se você quer uma perspectiva verdadeiramente negativa sobre a paternidade, leia o poema *This Be The Verse* [*Seja Assim o Poema*, em tradução livre] de Philip Larkin — embora você deva saber que ele nunca teve filhos. Mas acho que o apelo e a experiência de ser solteiro geralmente são entendidos mesmo de fora. O que é difícil de imaginar é a vantagem de manter um compromisso, de aceitar restrições. Pelo menos para Darwin.

Se, como Darwin, você está se perguntando se casamento ou paternidade é para você, não é uma má ideia conversar com seus amigos casados se eles estiverem dispostos a compartilhar alguma coisa sobre os altos e baixos. Mas a disposição de pessoas casadas em compartilhar a experiência do casamento é bastante rara. Em primeiro lugar, é algo bem pessoal. Íntimo. Em segundo lugar, na maioria das vezes, nós que somos casados podemos ter pouca autoconsciência de como o casamento nos muda. Não é algo em que pensamos muito, a menos que estejamos escrevendo um livro sobre isso. Em terceiro lugar, acho que muitas pessoas casadas não se sentem à vontade para serem honestas sobre os altos e baixos — elas podem se sentir inadequadas ao admitir que seu casamento não é um festival de amor 24 horas por dia, 7 dias por semana, de felicidade sexual e emocional para elas mesmas, e menos ainda para os outros.

E em quarto lugar, mesmo que estejamos cientes, mesmo que estejamos dispostos a compartilhar, lutaríamos para traduzir esses sentimentos em palavras. Não porque os sentimentos não sejam reais ou porque as pessoas casadas se tornam inarticuladas no matrimônio, mas porque as emoções que cercam os relacionamentos humanos são inevitavelmente complexas e cheias de nuances.

O Darwin solteiro considerou que a vida de casado arruinaria sua carreira. O Darwin casado pode ficar emocionado com as satisfações da vida conjugal em si, e essas satisfações podem até torná-lo um acadêmico mais produtivo. Ele pode até vir a amar o bate-papo mais do que pode imaginar.

Se Darwin me conhecesse bem o suficiente para me perguntar como é ser pai, eu poderia falar até que o fogo na lareira esfriasse, o céu começasse a clarear, os postes se apagassem e o sol nascesse, queimando a neblina de Londres. Eu diria a ele que ter filhos conecta você aos seus pais e permite que você se aproxime deles de maneiras que você nunca poderia imaginar. Que é parte do empreendimento humano e que é diferente de quase qualquer outra parte da jornada. Que é um pouco imortal. E que muda você e a sua maneira de ver o mundo.

Eu diria a ele para imaginar que há uma nova peça de Shakespeare que foi descoberta, alguns dizem ser sua maior obra; que ela abaixa o patamar de qualquer coisa que você já viu. É cheia de emoção em estado puro: paixão, humor, paródia, decepção, coragem, medo e risos. E muitas vezes a mais pura alegria. E há chance de assisti-la esta noite.

Você iria? "É uma comédia ou uma tragédia?" Ele pergunta. Infelizmente, aqueles que já viram a peça não estão dispostos ou são capazes de falar muito sobre a experiência. É muito intensa. E o final é diferente a cada performance, então não faz sentido ler as resenhas. Você gostaria de fazer parte desse espetáculo, sabendo que ele pode enchê-lo de luz que você nunca verá de outra forma, mas também pode partir seu coração e deixá-lo aos prantos? E, a propósito, com alguma sorte, há alguém que você ama ao seu lado no escuro, compartilhando o drama, rindo e chorando em sua companhia.

Nem todos podem, querem ou tem a oportunidade de lidar com isso. Mas se você se tornar pai, não importa como a peça acabe, a experiência enche seu coração como nenhuma outra coisa. Eu sou um grande fã, mas esse sou eu. Pode não ser assim para você.

Isso ajuda? Provavelmente não. É assim com os problemas indomáveis. Isso tira um pouco da pressão quando você pensa em fazer uma escolha de vida? Pode ser. Falaremos mais sobre isso mais tarde.

Por enquanto, perceba que Darwin só pode fingir tomar uma decisão racional. Primeiro, ele é incapaz de imaginar quais são os custos e benefícios reais — especialmente os benefícios — até que os experimente. Segundo, ele tem que lidar com o problema dos vampiros. De quem são os pesos que importam, Darwin solteiro ou Darwin casado? O casamento com filhos pode parecer bastante estúpido. No entanto, muitos pais parecem estar felizes por terem tido filhos. Talvez eles estejam apenas se enganando. Mas, mesmo que esses pais estejam dizendo a verdade sobre sua própria experiência, Darwin não tem como saber se sua experiência será a mesma.

Mas há um terceiro problema em tentar imaginar como é ser casado e com filhos antes de dar o salto. Há algo faltando na tentativa de Darwin de sondar a realidade do casamento e da paternidade a partir da perspectiva de um homem solteiro e sem filhos. Eu já indiquei isso aqui, mas certamente não há nada disso na lista de Darwin.

Para visualizar o que está faltando, vejamos alguns outros cientistas e pensadores analíticos que lutaram com problemas indomáveis. Aparentemente, essas pessoas parecem preferir a emoção à racionalidade ao tomar decisões importantes. Mas quando olhamos um pouco mais de perto, suas escolhas não são irracionais. Elas têm algo profundo para nos ensinar sobre como viver.

4

Isso é Sério

Ao observar como estudiosos e cientistas encaram problemas indomáveis, podemos chegar ao que está nas sombras e não sob a luz da rua quando se trata de grandes decisões da vida. Vamos começar com Persi Diaconis, professor titular de Matemática e Estatística da Universidade de Stanford. Ele é membro da Academia Nacional de Ciências. Sua pesquisa é sobre o acaso, o risco e as probabilidades. Ele é presumivelmente alguém bastante racional, e você pode vê-lo como possuidor de muitas ferramentas para tomar uma boa decisão diante de um problema indomável. No entanto, quando enfrentou seu próprio problema dessa natureza, confessou ter abandonado a abordagem racional de sua própria pesquisa, uma história que contou em uma palestra sobre tomada de decisão.

Alguns anos atrás, eu estava tentando decidir se deveria ou não me mudar de Stanford para Harvard. Deixei meus amigos entediados com discussões intermináveis. Finalmente, um deles disse: "Você é um dos nossos principais teóricos da decisão. Talvez devesse fazer uma lista dos custos e benefícios e tentar calcular aproximadamente sua utilidade esperada." Sem pensar, soltei: "Qual é, Sandy, isso é coisa séria."

Isso soa como uma piada. O que poderia ser mais sério do que uma avaliação cuidadosa de uma grande transição no meio da carreira, ponderando os custos e a expectativa de benefícios da mudança em relação ao status quo? No entanto, Diaconis admite que não estava tentando ser engraçado na época. Ele estava em um turbilhão de emoções com sua decisão — então "soltou" essa resposta. Por que foi tão difícil calcular a "utilidade esperada" — que é o jargão da economia para o melhor palpite de como ele se sentiria sobre o resultado de escolher um caminho em detrimento de outro?

Na mesma palestra em que contou essa história, Diaconis diz, então, algo ainda mais chocante para um estudioso de tomada de decisões. Ele diz que você deve sim fazer essa lista de custos e benefícios, mas não com o objetivo de avaliá-los racionalmente. Em vez disso, ele argumenta, faça a lista para descobrir o que se está "realmente procurando". E com isso ele quer dizer onde está seu coração. Estranho. Qual poderia ser a melhor maneira de obter o que você "realmente procura" do que essa lista de custos e benefícios e, consequentemente, sua avaliação deles na fria solidão da contemplação racional?

Diaconis então cita um poema, *A Psychological Tip* [Uma Dica Psicológica, em tradução livre], de Piet Hein, um matemático que foi treinado como físico e que gostava de jogar o que chamou de "ping-pong mental" com um colega dinamarquês, o grande físico Niels Bohr. Presumivelmente, Hein não era desleixado quando se tratava de lógica, raciocínio, pensamento analítico e racionalidade.

No poema, Hein diz que quando você enfrenta um dilema e não consegue decidir o que fazer, deve jogar para o alto um centavo. Não como a forma de tomar a decisão, mas como a forma de descobrir "o que você espera", nas palavras de Hein. Enquanto a moeda está girando, você sentirá o que deseja como resultado. Em outras palavras — siga sua reação impulsiva — seu coração, talvez, ou seu intestino, mas não sua mente. O quê? É esse o tipo de conselho que vem de um matemático e cientista?

Phoebe Ellsworth detém uma cadeira em psicologia na Universidade de Michigan e é membro da Academia Americana de Artes e Ciências. Ela admite uma reação semelhante à de Diaconis ao enfrentar a mesma decisão que o atormentava — mudar de universidade. Ellsworth menciona uma "planilha de Irv Janis", que é um nome chique para uma lista de custos e benefícios.

Chego na metade da minha planilha de Irv Janis e digo: "Diabos, não está dando certo! Tenho que encontrar uma maneira de obter alguns prós do outro lado!"

Lá se vai a racionalidade ou pelo menos assim parece. Ellsworth me confirmou esta citação por e-mail e, então, ela acrescentou fazendo referência, eu suspeito, conscientemente ou não, a ideia de Piet Hein:

> Acho que um dos valores dessas listas de verificação é que elas estimulam uma reação emocional que diz o que você realmente quer — como jogar uma moeda, onde a sua crença é de que não há favoritos, entretanto, sua preferência fica evidente se, ao olhar para o resultado, houver um sentimento de decepção.

Mas por que uma pessoa racional iria querer evocar uma reação *emocional*? O que Ellsworth quer dizer com "o que você realmente quer"? O que você realmente quer não é a escolha que o deixará mais feliz — a escolha em que os benefícios superam os custos, e não o contrário?

E isso nos traz de volta a Charles Darwin.

Imagino receber um bilhete de Darwin na manhã seguinte à nossa conversa dizendo que ele passou a noite com seu dilema e chegou a uma decisão. Ele se perguntou se eu poderia vê-lo novamente — mesmo sabendo que era um tanto impositivo, ele valorizava meu conselho e queria minha ver minha reação.

Naquela noite, depois do jantar no clube, mais uma vez fui para a Great Marlborough Street, subindo as escadas para a sala de estar nos aposentos de Darwin e, mais uma vez, encontrei-me na presença do grande homem. Como antes, cada um de nós estava sentado em uma daquelas maravilhosas poltronas de espaldar alto diante de uma lareira crepitante, o rosto de Darwin iluminado pela luz das chamas. Como antes, um pequeno copo de cristal de Laphroaig estava esperando por mim.

Após a mais breve das palavras entre nós — o anfitrião me agradecendo por ter vindo de novo, eu dizendo que era realmente um prazer e estava feliz por ajudar — Darwin mais uma vez me passou o pedaço de papel que ele havia compartilhado comigo na noite anterior. No final da coluna, que ele rotulou como "Casar", havia acrescentado algumas linhas que resumiam seu pensamento, um fluxo de consciência quase remetendo a James Joyce. Em minha mente, eu podia vê-lo na noite anterior, depois de termos conversado, andando de um lado para o outro, falando sozinho:

> Meu Deus, é intolerável pensar em passar a vida inteira como uma abelha castrada, trabalhando continuamente por nada, afinal — Não, isso não é para mim. Imagine viver o dia todo sozinho na suja e enfumaçada casa de Londres — Vislumbre apenas uma bela e agradável esposa em um sofá com boa lareira, livros e música talvez — compare essa visão com a realidade sombria da Great Marlborough Street.

Então, o grande cientista escreve no final da coluna "Casar":

Casar — Casar — Casar Q.E.D.

Sombria? Eu olhei em volta. Certo, talvez um pouco. Acho que é difícil notar a decoração quando você tem a chance de conversar com Charles Darwin. Sombrio com Darwin é uma combinação bastante agradável. O "Q.E.D.", aquilo que Darwin escrevera, fascinava-me — *quod erat demonstrandum* — o que havia de ser demonstrado, ou seja, comprovado. Não acho que Darwin tivesse qualquer pretensão sobre a natureza científica de sua decisão. Mas, como cientista, a frase deve tê-lo consolado. Ele, de certa forma, resolveu seu problema — tomou uma decisão.

E, aparentemente, ignorou a informação disponível e tomou a decisão errada. Com base no que ele sabia e havia escrito, como poderia decidir se casar? O que o empurrou para a coluna "Casar"? Uma visão idílica de uma "bela e agradável esposa em um sofá"? E por que, de repente, a perspectiva de ter muito tempo para trabalhar parecia realmente desagradável? As exigências de tempo do casamento e dos filhos tinham sido o maior impedimento para o casamento na noite anterior. E como a Londres que ele tanto se preocupava em perder, uma perda que ele descreveu como "banimento e degradação" caso sua esposa preferisse o campo, tornou-se a pouco atraente como a "suja e enfumaçada Londres"?

Era difícil não se perguntar se um dos maiores cientistas de todos os tempos havia enlouquecido e feito algo totalmente fora de sintonia com sua vida profissional, uma vida em que a consciência e a curiosidade implacáveis o levaram à grandeza.

Em vez disso, ele parecia ter seguido seu instinto e ignorado os dados, por mais imperfeitos que fossem. Ele havia feito o que Phoebe Ellsworth confessou — havia muitos pontos negativos no casamento, então ele mentalmente acrescentou alguns pontos positivos para se certificar de que "daria certo". Escreveu "Casar" três vezes, como se tentasse se convencer da sensatez de sua decisão, parecia apelar demais. As únicas coisas que faltavam eram pontos de exclamação e talvez jogar uma moeda no ar para descobrir se o casamento era realmente o que ele queria. E, embora eu realmente não estivesse lá na época, temos o diário de Darwin preservado nos seus arquivos na biblioteca da Universidade de Cambridge com aquele "Casar — Casar — Casar" e a referência ao apartamento sombrio. Todas as palavras de Darwin que compartilhei aqui estão lá, em sua própria caligrafia.

Seres humanos comuns têm problemas para tomar decisões e, quando o fazemos, muitas vezes apresentamos razões que são meramente uma narrativa pós-fato — algo que dizemos a nós mesmos e aos outros para justificar o que fizemos ou planejamos fazer. Mas Diaconis, Hein e Ellsworth não são seres humanos comuns. Eles são grandes estudiosos, cientistas, matemáticos e estatísticos que parecem agir de maneira irracional.

Mas não acho que eles estejam realmente nos falando para ignorar a razão. Eles estão dizendo que nos importamos com outra coisa além do que experimentamos ou sentimos. Eles estão afirmando que há mais do que nossas experiências futuras em jogo quando enfrentamos um problema indomável.

Uma lista das expectativas de custos e benefícios, como a de Darwin, que as pessoas usam na tomada de decisões geralmente é um resumo de como suas escolhas as farão sentir. Serei mais ou menos feliz como pai ou cônjuge? Vou gostar mais do novo emprego do que do antigo? Se eu tiver uma oferta de emprego em Austin e outra em Boston, qual será mais divertida, mais satisfatória? Os frutos do mar melhores compensarão o clima frio de Boston? A cena musical de Austin superará a falta de folhagem de outono que faz parte da vida na Nova Inglaterra?

Todas essas são considerações fundamentalmente utilitárias. A abordagem utilitarista vem de Jeremy Bentham. Em *An Introduction to the Principles of Morals and Legislation* [Uma Introdução aos Princípios de Moral e Legislação, em tradução livre], publicado em 1789, Bentham argumentou que os seres humanos se preocupam com duas coisas — prazer e dor. Se você tiver que tomar uma decisão, considere cada escolha e veja qual produz mais prazer em relação à dor. Bentham usa a palavra "utilidade" para resumir o bem além do mal que resulta de uma ação ou política.

Utilidade é o que lhe agrada, tanto prazer físico quanto prazer psíquico. Bentham chama isso de "benefício, vantagem, prazer, bem ou felicidade". Superficialmente, isso faz sentido.

Quando nos deparamos com uma decisão, preocupamo-nos em fazer a melhor escolha. Certamente, ao fazer tal escolha, gostaríamos de saber como essa escolha nos fará sentir, não apenas fisicamente, mas também emocionalmente. A abordagem de Bentham se tornou a espinha dorsal de como os economistas veem o que é chamado de escolha racional.

Na visão de Bentham e na visão do economista sobre a experiência humana, a vida é algo como um dia em um parque de diversões gigante, onde você tem uma quantia fixa de dinheiro para gastar em um número finito de atrações. Como sua renda é finita, não é viável ter ou fazer tudo o que deseja. Racionalmente, você procura os brinquedos que gosta e evita os que não gosta. Você pedala mais de uma vez, desde que o prazer que você obtém desse tempo extra permaneça maior do que o prazer que você pode obter ao pedalar em um passeio diferente pela primeira vez. A visão de vida do economista é que seu objetivo é acumular a maior quantidade de satisfação dadas as restrições de renda e tempo.

Na perspectiva do economista e do utilitarista, a vida se resume em uma série de sentimentos — alegrias e desesperos, dores e prazeres. Mas o que mais pode haver? Não é apenas isso, o que experimentamos e como nos sentimos em relação a essas experiências?

Talvez. Mas acho que Darwin e os outros cientistas e acadêmicos discutidos neste capítulo ficaram desconfortáveis diante de seus problemas indomáveis porque reconheceram que como nos sentimos no dia a dia ou momento a momento — o que chamarei de utilitarismo limitado — não é a única coisa com que nos importamos.

O que mais poderia haver? O que fez esses cientistas aparentemente irracionais seguirem sua intuição, seus instintos, algo além do que a razão sugeriria como a decisão certa?

Os seres humanos se preocupam com mais do que os prazeres e as dores do cotidiano da existência diária. Queremos propósito e significado. Queremos pertencer a algo maior do que nós mesmos. Nós almejamos. Queremos ser importantes. Essas sensações abrangentes — a textura de nossas vidas acima e além do que chamamos de felicidade ou prazer cotidiano — definem quem somos e como nos vemos. Esses anseios estão no cerne de uma vida bem vivida.

Uma vida bem vivida é algo mais do que uma vida agradável. Os gregos chamavam a condição de uma vida bem vivida de *eudaimonia*. Essa palavra às vezes é traduzida como felicidade ou contentamento. Essas palavras ficam aquém de capturar a eudaimonia. "Florescimento" é uma tradução melhor e a palavra que usarei aqui.

Há dois sentidos cotidianos da palavra "florescer". Uma delas é ser bem-sucedido, geralmente no sentido material e financeiro. A segunda, a que estou usando aqui, descreve algo orgânico e vivo. Algo floresce ao se tornar belo e digno de admiração. Nós, seres humanos, florescemos tomando nossas circunstâncias e aproveitando-as ao máximo para realizar nosso potencial humano.

Florescer como ser humano é viver de forma plena. Isso significa mais do que simplesmente acumular prazeres e evitar a dor. O florescimento inclui viver e agir com integridade, virtude, propósito, significado, dignidade e autonomia — aspectos da vida que não são apenas difíceis de quantificar, mas que você pode colocar na frente e no centro, independentemente do custo. Você não se casa ou tem filhos porque é divertido ou vale a pena. Ter um filho é mais do que apenas o prazer e a dor acumulados que surgem em seu caminho porque há uma criança em sua vida. Você tem um filho porque isso torna sua vida inteira mais próspera, mesmo que sua conta bancária fique mais pobre.

As escolhas que fazemos diante de problemas indomáveis produzem mais do que apenas um fluxo de custos e benefícios daqui para frente. Essas escolhas definem quem somos e dão sentido às nossas vidas quando se sucedem bem. Mesmo o desafio de enfrentá-las quando não vão bem faz parte da vida como ser humano. Para problemas indomáveis, a questão do florescimento é majoritária.

Vamos resumir por que uma decisão como a de Darwin diante de um problema indomável é tão difícil:

- Ele não consegue imaginar sua rotina como marido e pai, principalmente o lado positivo. Portanto ele não pode avaliar se os custos superam as expectativas de benefícios.

- Mesmo que ele pudesse vislumbrar seu dia a dia, enfrenta o problema dos vampiros — como ele experimenta os custos e benefícios depois de casado e com filhos, mudará.

- E, finalmente, há aspectos de ser marido e pai que são maiores do que apenas as experiências cotidianas da vida, o que chamo de florescimento. Como ele deve levar em conta o florescimento?

Uma resposta que vem facilmente para os economistas é incluir aspectos do florescimento na lista de custos e benefícios de Darwin. A racionalidade não significa levar em conta tudo o que importa para você — tudo o que produz satisfação e prazer? A escolha racional é, então, a escolha que lhe dá mais satisfação geral. No jargão da economia, você não pode simplesmente colocar aspectos de florescimento na função de utilidade — uma medida das coisas com as quais você se importa? Isso acaba sendo menos útil do que pode parecer. Vamos ver o porquê.

5

O Porco e o Filósofo

Vamos examinar a lista de Darwin novamente e acrescentar algo sobre a vida como cônjuge ou pai além do utilitarismo limitado — os altos e baixos do cotidiano que procedem das decisões. Colocarei em itálico os fatores relacionados ao florescimento para facilitar a visualização:

Prós do Casamento	Contras do Casamento
Companhia	Possibilidade de deixar Londres
Objeto para brincar, melhor que um cachorro	Perda de autonomia
Encantos da música	Nenhuma conversa inteligente com homens em clubes
Conversa com uma mulher	Perder tempo entretendo os parentes da esposa
Uma vida mais significativa	Perder tempo visitando os parentes da esposa
Tornar-me quem eu gostaria de me tornar — um marido e pai	*Talvez não se tornar um dos maiores cientistas de todos os tempos*
Filhos para cuidar de você na velhice	Gastos com filhos
Possibilidade de melhora na saúde, se a esposa o impedir de trabalhar de maneira muito obsessiva	Ansiedade por causa dos filhos
	Ansiedade geral com a responsabilidade familiar
Alguém para cuidar da casa	Sem leitura à noite
	Talvez tenha que arranjar um emprego de verdade para sustentar a família

Adicionar aspectos do florescimento a uma lista de custos e benefícios esperados parece uma boa ideia, então Irving Janis e Leon Mann em seu livro *Decision Making* [*Tomando Decisões*, em tradução livre] incluem a autoaprovação e a autodesaprovação como coisas a serem incluídas ao lado do que estou chamando de considerações utilitárias limitadas. Mas isso ajuda?

Como você aplicaria a ideia de Benjamin Franklin de riscar as coisas da coluna negativa para compensar as vantagens? É quase uma tolice. Como pensar sobre o que abrir mão para ter uma vida mais significativa? A própria pergunta pode levá-lo a responder: "Qual é, isso é sério!" Que prazer ou consolo compensaria o fracasso em se tornar um grande cientista — a pessoa que você acha que deveria se tornar? É mais um exemplo de "três dessas coisas não são como as outras" do que uma estratégia útil para tomar uma boa decisão.

Mas por que é tão difícil? Férias na praia passadas tomando sol e lendo são muito diferentes de férias na montanha fazendo caminhadas. Mas geralmente podemos compará-las e fazer uma escolha. Por que é tão difícil pesar as considerações de florescimento com os prazeres e as dores do dia a dia que acompanham nossas escolhas quando enfrentamos um problema indomável?

O florescimento é diferente — tanto em termos quantitativos quanto qualitativos — de nossos prazeres e dores do cotidiano. Quantitativamente diferente porque propósito, significado, dignidade e nosso senso de identidade são mais importantes para nosso bem-estar geral do que desfrutar de uma boa refeição ou ter um pneu furado — prazeres e dores cujos impactos são relativamente pequenos. Mas a outra diferença fundamental é que o prazer da boa refeição e a dor do pneu furado são fugazes. Eles vêm e vão. As partes do nosso bem-estar relacionadas ao florescimento persistem e se sobrepõem às nossas experiências diárias.

Nossa essência não é facilmente comparada aos nossos sentimentos cotidianos de prazer e dor. Isso porque quem eu sou em minha essência está acima e além do que eu sinto hoje e amanhã. Propósito, significado, dignidade, ser cônjuge ou pai — esses aspectos de nossas vidas — não são apenas agradáveis ou desagradáveis. Eles nos definem e permeiam todos os nossos dias, não apenas este ou aquele.

John Stuart Mill disse: "É melhor ser um ser humano insatisfeito do que um porco satisfeito; melhor ser Sócrates insatisfeito do que um tolo satisfeito." Essa é outra maneira de dizer que quem você é e como você vive são mais importantes do que o que você experimenta. Dan Gilbert, o psicólogo de Harvard, discorda. Gilbert é a coisa mais próxima que temos no mundo acadêmico de um especialista em alegria. Sua palestra no TED sobre a ciência da felicidade tem mais de dezenove milhões de visualizações. Ele também é encantador, atencioso e engraçado. Gilbert argumenta que tudo o que importa é a nossa felicidade à medida que a experimentamos ou deixamos de experimentá-la ao longo de nossa vida.

Gilbert imagina ser "um hedonista sem vergonha nadando feliz em minha piscina olímpica, sentindo a água fria e o sol quente na minha pele, de modo que meu estado hedônico só poderia ser descrito como prazeroso. De vez em quando eu saio da piscina, paro e penso em como minha vida é vazia e, por alguns minutos, sinto-me mal. Depois volto e nado um pouco mais." Então, durante vinte e três horas por dia, você está tão feliz quanto um porco na piscina. Uma hora por dia, você é um filósofo, refletindo sobre sua vida vazia de porco.

O psicólogo argumenta que cada perspectiva é independente. Quando você é o porco nadando na piscina, desfrutando de uma refeição deliciosa ou de um encontro sexual emocionante, não está pensando no significado de sua vida ou sua identidade, seu lado filósofo. Você está feliz mesmo sem saber se sua existência tem sentido, por exemplo, ou se nadar na piscina é ético ou coerente com seus valores. Naquela hora do dia em que seu Stuart Mill interior o assombra, claro, você está desconfortável com a natureza de sua vida. Mas nesses momentos, na posição de filósofo, você perdeu o contato com seu porco interior e não consegue levar em conta corretamente o prazer das escolhas feitas nas outras vinte e três horas.

A conclusão de Gilbert é que, como cada perspectiva ignora a outra — algo semelhante ao problema dos vampiros — cada tipo de experiência deve ter o mesmo peso. Gilbert argumenta que qualquer experiência que tenha a maior duração — a satisfação do porco ou a insatisfação do filósofo — deve levar o dia. Tudo o que importa é quanto tempo duram as satisfações do porco ou as insatisfações do filósofo. Se o seu tempo como porco é mais longo do que qualquer angústia possivelmente sentida como filósofo, sua vida é boa.

A maioria de nós, exceto talvez Hugh Hefner ou Sócrates, somos uma mistura de um hedonista sem vergonha e filósofo maravilhado. Desfrutamos do prazer da vida e geralmente preferimos evitar a dor. Para dar prazer ao dia a dia, pense no contentamento simples — a descrição do profeta Miqueias da boa vida — cada pessoa sob sua videira e figueira, sem medo. Ou a experiência de se maravilhar com o primeiro passo do seu filho. Ou a beleza da luz do sol passando pelas nuvens e iluminando o vale abaixo enquanto sobe uma colina em uma caminhada satisfatória. Certamente, esses momentos de contentamento são uma parte importante da experiência humana.

Mas a maioria de nós quer mais do que apenas aqueles momentos de contentamento ou prazer do dia a dia. Queremos propósito e significado. Queremos nos comportar de maneira ética. Preocupamo-nos com nossas conexões com amigos e familiares. Temos uma noção de como devemos nos comportar com as pessoas próximas a nós. E estamos dispostos a suportar certa dor para obter propósito e significado e assim fazer a coisa certa. Quem somos, como nos vemos e os caminhos que escolhemos seguir são fundamentais para nossas escolhas mais importantes. Mill afirma que é assim que um ser humano deve viver.

A maioria de nós não quer nadar na piscina por vinte e três horas, por mais prazeroso que seja no momento. A hora de autorreflexão que se segue cria mais de uma hora de decepção. Esses impulsos e partes do nosso eu interior não são apenas coisas que passam por nossa mente de vez em quando ao refletirmos enquanto nos enxugamos à beira da piscina. Eles podem nos assombrar com arrependimento e decepção durante todos os dias vindouros.

Eu poderia não gostar de ser casado ou de ser pai em dado momento. Na verdade, pode haver muitos dias assim. Eu poderia até imaginar que, para alguns cônjuges e pais, o número de dias ruins supera o número de bons. Mas a maioria de nós não decide como viver, não decidimos quem queremos ser por algum tipo de regra da maioria que Gilbert defende — olhando para a preponderância de prazer e dor resumida ao longo de uma vida. Há algo mais acontecendo ao lado das experiências diárias, momento após momento. Uma vida plena e bem vivida é mais do que somar prazer e dor e tentar tornar o primeiro maior do que o segundo.

Uma vida de cinquenta anos de puro prazer seguidos de vinte anos de arrependimento e vergonha não é o mesmo que vinte anos de sofrimento seguidos de cinquenta anos de contentamento. O fato de que o tempo é importante — se os bons tempos vêm antes ou depois — sugere que a vida boa é mais do que somar custos e benefícios e ver qual supera o outro. Importamo-nos com mais do que apenas a soma dos prazeres do dia a dia em oposição às dores. Damos importância ao enfrentamento de algum sofrimento para alcançar algo que valorizamos profundamente, mesmo que a dor dure mais do que a alegria que vem de nossa conquista.

Para a maioria de nós, ser um vampiro não é apenas um território desconhecido. É uma zona imoral. Mesmo que todos os que venham a dar o salto para se tornarem vampiros sejam extremamente felizes e desdenhosos dos lamentáveis mortais que não bebem sangue, muitos de nós pensam que se tornar um deles é simplesmente errado. Não nos importamos com o quão felizes estaríamos vivendo para sempre e saindo de nossos caixões à noite. Não é quem queremos ser.

A decisão de se tornar um vampiro não é realmente um problema tão indomável. É muito domesticado. Eu não quero ser um vampiro — é imoral. Níveis de felicidade pós-vampirescos em relação aos níveis pré-vampirescos não me tentam. E mesmo que eu saiba que uma vez que eu for um vampiro, a imoralidade da minha vida de vampiro não vai me incomodar, eu prefiro manter minha consciência bem humana e ficar como estou.

Somar os custos e benefícios é a maneira errada de pensar sobre como viver. Florescer é algo mais sutil que abrange nossos prazeres e dores do dia a dia. A parte da existência que estou chamando de florescer transcende e eleva nossa experiência cotidiana.

Ao se tornar pai, a forma como você se vê e o que você vê como suas responsabilidades mudam. Esse senso de si mesmo — esse senso de ser pai — transcende suas experiências de vida diária. Quem você é agora é mais do que o que você experimenta. Mas ser pai também eleva sua vida diária, porque existe essa nova criatura que agora faz parte de sua vida. Pequenas coisas que você nunca notou parecem mágicas. A vida diária tem uma textura diferente. E nem tudo são pêssegos em calda. Você tem preocupações e dores que de outra forma não teria. Você está irrevogavelmente vinculado a outro ser humano, e nada é o mesmo depois disso.

Ter um hobby como o golfe pode ser relaxante. Pode ser um oásis de calma e tirar sua mente de qualquer outra coisa estressante em sua vida. Uma prática espiritual — meditação ou religião — pode ter o mesmo efeito. Mas o ideal de uma prática espiritual é transcender o tempo que você passa meditando ou em devoção religiosa. Deve transformá-lo de alguma forma e mudar não apenas o que sente, mas quem você é. E quem você é, por sua vez, afeta como você trata os outros e se move pelo mundo. Ao mesmo tempo, uma prática espiritual pode elevar sua experiência diária de beleza, de tristeza, do pequeno e do grande.

Tornar-se um vampiro não afeta apenas quando você está bebendo sangue ou dormindo em um caixão. Você é um vampiro 24 horas por dia, 7 dias por semana. Com problemas indomáveis, suas escolhas geralmente produzem um estado de ser que permeia seus dias de formas boas e ruins. Pensar que é possível fazer uma análise de custo-benefício dessa transformação é uma ilusão.

Mas como pode ser racional escolher fazer coisas que trazem mais dor do que prazer? Quem atento escolheria de bom grado um caminho que promete a possibilidade de mais sofrimento e mágoa do que alegria e deleite?

Quem se voluntaria para a dor e o desconforto?

Seres humanos.

Gostamos de um desafio. É por isso que as pessoas escrevem *haikais*, juntam-se ao exército quando há uma guerra, escalam alturas aparentemente impossíveis só porque estão lá, correm maratonas, voluntariam-se para trabalhar sem remuneração. A dor, principalmente quando está a serviço de um ideal, pode ser fonte de sentido. Isso não nos torna irracionais. Muitas vezes nos torna admiráveis.

Minha esposa foi comprar equipamentos que ela precisava para uma caminhada de cinco dias planejada com sua irmã. O vendedor queria saber se seria uma experiência Tipo 1 ou Tipo 2. A diferença? Uma experiência do Tipo 1 é agradável o tempo todo — nada muito estressante, majoritariamente positiva. Você aproveita enquanto está no meio e aproveita depois. Um dia na praia. Um passeio no parque.

Uma experiência do Tipo 2 é difícil. Há momentos de dor que precisam ser suportados — dias difíceis com muita altitude a ser vencida em uma distância bastante curta, riachos a serem cruzados sem calçados onde a água corre tão fria que seus pés ficam dormentes durante a travessia, equipamento pesado para ser carregado na caminhada que machuca suas costas ou pés.

Mas uma experiência do Tipo 2 é aquela que você nunca esquece, que o torna mais forte e, ao superar os obstáculos no caminho, você sente que realizou algo. Uma experiência do Tipo 2 pode ensinar algo sobre você e tem a chance de ser mais do que agradável. Pode ser emocionante. Você pode não gostar (muito) enquanto estiver no meio disso, mas gostará ao fim e será de uma maneira diferente de uma experiência do Tipo 1.

E às vezes, escolhemos uma experiência Tipo 2, que não é apenas um teste, mas uma chance de experimentar algo profundo e significativo, uma chance de compartilhar algo com outra pessoa, que traz o melhor de nós e nos permite crescer. Casamento e paternidade são muito mais do Tipo 2 do que do Tipo 1. Na maioria das vezes, ficamos felizes em experimentá-los, mesmo quando não são um dia na praia. As grandes decisões da vida inevitavelmente envolvem uma mistura de coisas boas e ruins. Essas decisões criam um sentimento abrangente que permeia o que sentimos no momento e depois.

Há uma parábola do professor que desafia um aluno: "Aqui está uma pedra e uma torre com cem degraus até seu topo. Seu trabalho é levar a pedra até lá." Embalando a rocha pesada, o aluno consegue levá-la até a porta da torre. Mas a passagem é muito estreita e o objeto que leva é muito largo. Não importa como o aluno a mova, a pedra não passa pela porta. "A tarefa dada a mim é impossível", grita o aluno. O professor pega um martelo e quebra a rocha para que as partes passem facilmente pela entrada. "A pedra é o seu coração", diz o professor. "Só um coração partido pode subir."

À medida que envelhecemos, entendemos que a nossa dor, especialmente o desgosto, não apenas nos fortaleceu. Tornou tudo o que experimentamos mais rico e completo. À medida que envelhecemos, passamos a preferir o chocolate meio amargo ao chocolate que é apenas doce.

Em uma lista de custos e benefícios, em vez de misturar florescimento com o que estou chamando de utilitarismo limitado, é mais eficaz pensar em cada um separadamente e considerar sua influência relativa em como você quer viver. Isso o força a trazer à luz o papel do florescimento. Vamos examinar uma variedade de problemas indomáveis e colocar o florescimento ao lado dos custos e benefícios diários de nossas escolhas. Como veremos, as consequências que florescem de nossas escolhas são muitas vezes decisivas em tomadas de decisões. Elas deveriam ser? Isso é com você. Mostrar o que está em jogo no florescimento em oposição ao que vivenciamos no dia a dia pode ajudá-lo a traçar seu próprio caminho.

6

O Florescimento é Importante

Quando me pediram, em 2020, para me candidatar ao cargo de presidente do Shalem College, em Jerusalém, não me interessei. Como pesquisador da Hoover Institution da Universidade de Stanford, trabalhava de casa em qualquer coisa que me interessasse intelectualmente. Eu gostava da minha residência e da vizinhança em que morava. Minha esposa e eu tínhamos amizades maravilhosas, e eu era bem pago. Esses foram os argumentos positivos para rejeitar o cargo.

Depois, havia os aspectos negativos de aceitar o emprego em Israel — vender nossa casa, tentar descobrir o que armazenar e o que levar para Israel, o medo de não ser um presidente de faculdade eficaz, a distância da família, deixar amigos próximos para trás, o fato de que meu hebraico está longe de ser fluente e que eu teria que me adaptar a uma cultura que talvez não achasse tão hospitaleira.

Por razões utilitárias limitadas, essa era uma decisão estúpida. Só um tolo aceitaria o trabalho. Vários amigos e familiares me disseram para recusar.

Mas quando se trata de quem eu sou e quem eu quero ser, seria estupidez seguir outra direção. O Shalem College é a única faculdade de artes liberais de Israel com um currículo básico que combina textos clássicos do cânone ocidental, como Platão e Homero, com textos judaicos clássicos. As pautas que esses textos suscitam — a questão fundamental do que é uma vida bem vivida e as respostas dadas por Atenas e Jerusalém — tornaram-se cada vez mais interessantes para mim.

Como judeu, há muito tempo me importo com o grande experimento que é o Estado de Israel. Desempenhar um papel em uma instituição que espera preparar a próxima geração de líderes em Israel seria um privilégio muito importante para mim. Eu estaria profundamente envolvido no que às vezes é chamado de educação liberal — processo que Leon Kass, o novo reitor da faculdade de Shalem, descreve não apenas como "aprender a partir dos", mas "aprender com" grandes textos e pensadores do passado. Fazer isso em uma terra cada vez mais focada em ciência da computação e engenharia, num momento em que o que eu considero que a educação deveria ser está cada vez mais sob ataque no Ocidente, foi profundamente atraente. Quando o emprego me foi oferecido, como eu poderia dizer não? Eu o aceitei, então minha esposa e eu nos mudamos para Israel.

Essa foi uma decisão irracional? Um economista pode explicar dizendo que os benefícios esperados de autorrespeito e satisfação que virão do trabalho devem ter superado os custos de me mudar e de desistir do que eu já tinha. E há alguma verdade nisso. Na aceitação do cargo havia um sofrimento que eu não suportaria aceitar — uma queda na renda que colocaria em risco o futuro de nossa família. Ou se minha esposa tivesse se oposto à decisão em vez de abraçar a aventura e a incerteza da mudança como ela fez, eu teria recusado. E se os benefícios fossem suficientemente menores, eu teria dito não: administrar uma pequena faculdade de artes liberais na Bulgária (meu búlgaro é ainda pior que meu hebraico; a Bulgária não é a pátria judaica) não teria sido suficientemente recompensador para me fazer abrir mão do que eu já tinha.

Portanto, a parte utilitária limitada da decisão não era irrelevante. Mas a parte florescente foi determinante. Eu aceitei o trabalho porque senti que era algo que eu deveria fazer, um chamado. Recusar a oportunidade teria parecido uma traição às partes mais profundas de mim.

Vamos examinar uma variedade de problemas indomáveis e ver como o florescimento interage com considerações utilitárias e afeta as escolhas feitas por pessoas.

Casamento e Paternidade

Darwin nos ensina que casar é mais do que como me sentirei quando houver outra pessoa na minha cama, na mesa da minha cozinha e no meu sofá. O casamento é sobre se tornar marido ou esposa. Isso muda quem sou e como vivo a vida. Ser cônjuge transcende e eleva minha experiência diária.

Ter filhos não se trata apenas dos altos e baixos diários: o prazer da jogada que meu filho acerta no beisebol do ensino médio ou o desespero de meu filho ser rejeitado na faculdade de sua escolha. Utilizar um bebê robô revela um pouco sobre as dificuldades de ser pai, mas não lhe diz nada sobre como seu senso de identidade muda ao ter um filho e como isso, por sua vez, afeta a maneira como você experimenta a vida. Não capta como ser pai pode dar sentido à sua vida.

Enfatizei os aspectos florescentes do casamento e dos filhos, porque são mais difíceis de identificar do que a experiência diária. Mas, para muitas pessoas, florescer significa não se casar e não ter filhos.

Franz Kafka, como Darwin, fez uma lista em seu diário com argumentos a favor e contra o casamento. Kafka, escritor; Darwin, um cientista. Kafka, de Praga; Darwin, de Londres. Kafka, um judeu; Darwin, pelo menos na época, um cristão. E, no entanto, suas preocupações são bastante semelhantes. Aqui está a lista de Kafka; todas as palavras são de sua autoria (extraídas do *The Diaries*, 1910-1923), mas editei algumas de acordo com a ortografia moderna e por brevidade. Meu comentário está entre colchetes:

1. Sou incapaz — sozinho — de suportar a luta da minha própria vida. [Então case!]
2. Tudo [sobre o casamento] imediatamente me faz pensar. [Ah, não vá tão rápido.]
3. Devo ficar sozinho com frequência. O que eu realizei foi apenas o resultado de estar sozinho. [Então provavelmente não se case.]
4. Detesto tudo o que não se relaciona com a literatura, as conversas me aborrecem (mesmo que sejam relacionadas à literatura), visitar as pessoas me aborrece, as tristezas e alegrias dos meus parentes me aborrecem até a alma. As conversas tiram a importância, a seriedade e a verdade de tudo o que penso. [Quase certamente não se casar.]
5. O medo do vínculo, de compartilhar. Então nunca mais estarei sozinho. [Idem.]
6. No passado, a pessoa que sou na companhia de minhas irmãs era totalmente diferente da pessoa que sou na companhia de outras pessoas. Destemido, poderoso, surpreendente e sensível como só fico quando escrevo. Se por intermédio

de minha esposa eu pudesse ser assim na presença de todos! Mas então não seria à custa da minha escrita? Isso não, isso não! [Uma esposa pode me ajudar a florescer de algumas maneiras, mas como posso florescer sem escrever?]

7. Sozinho, talvez eu realmente pudesse desistir do meu trabalho algum dia. Casado, nunca será possível. [E assim, se eu me casar, nunca serei o escritor que poderia ser. Portanto, não se case — não se case — não se case. Q.E.D.]

E ele nunca se casou. Como a lista de Darwin, a de Kafka está focada no que ele não será capaz de fazer — escrever — o que no seu caso pode ser traduzido em estar sozinho e descomplicado. Para Kafka, e para outros, florescer significa não casar.

Onde Morar

Roya Hakakian deixou o Irã, ainda adolescente, e veio para os Estados Unidos. Seu livro, *A Beginner's Guide to America* [*Um Guia para Iniciantes sobre os Estados Unidos*, em tradução livre], captura a desorientação vertiginosa que acontece quando você deixa o lugar em que cresceu e se muda para uma cultura estrangeira — muitos pontos altos gloriosos ao lado de algum desespero sério de tempos em tempos. Mas a sequência de eventos que ocorre quando alguém muda de país não resume a experiência.

Você tem que considerar como o movimento muda seu senso pessoal de quem você é. No caso de Roya Hakakian, ela se tornou estadunidense. Essa mudança cobre toda a experiência dos altos e baixos.

Se você perguntar aos imigrantes se eles estão felizes por terem vindo para os Estados Unidos, eles podem exaltar as virtudes da liberdade ou o alívio de estarem livres da tirania ou dos desafios econômicos que deixaram para trás. Mas parte ou, grande parte, desse olhar retrospectivo será sobre o que significa ser estadunidense e como essa identidade infunde todas as experiências que acompanham a mudança.

Escolher um lugar para viver é mais do que focar na região com melhor clima, melhores oportunidades de emprego, vantajosas opções para passeios de um dia, comida local mais gostosa, e assim por diante. Onde vivemos diz respeito a quem somos e não apenas o que experimentamos.

Quando minha esposa e eu nos mudamos para Israel, tornamo-nos cidadãos israelenses, a isso se dá o nome de fazer a Aliá. Há algumas pequenas vantagens financeiras em relação a um visto de trabalho. Mas não fizemos a Aliá para economizar algum dinheiro em impostos se comprássemos um carro. Queríamos aceitar uma mudança em nossa identidade — nosso senso de personalidade. Aspirávamos à cidadania, a fazer parte de uma das experiências nacionais mais notáveis da história

— pessoas retornando a uma terra em que viviam com soberania há dois mil anos.

Quando o povo do Reino Unido votou sobre o Brexit — se deveria sair da União Europeia ou não — alguns se concentraram nas consequências financeiras da decisão: sair deixaria o povo britânico mais pobre; ficar estava forçando o Reino Unido a subsidiar o resto da União Europeia. Mas, para muitos que votaram "sair" e para muitos que votaram "ficar", o que mais importava não eram as questões utilitárias limitadas que giravam em torno de seu padrão de vida.

Para muitos, a verdadeira questão do Brexit era a identidade. Os eleitores se viam mais como britânicos ou como europeus? Particularmente na Inglaterra, muitos que votaram pela saída sentiram que seus líderes políticos não deram atenção suficiente à Inglaterra como seu lar e atenção suficiente ao fato de serem ingleses como fonte de significado em suas vidas. Aqueles que queriam permanecer na União Europeia abraçaram uma identidade internacional mais cosmopolita.

Onde Trabalhar

Quando Persi Diaconis disse: "Qual é, Sandy, isso é sério", em resposta à sugestão de que ele fizesse uma lista com prós e contras sobre mudar de universidade, ele não estava dizendo para seguir seu coração ou agir de maneira impulsiva. Penso que estava sugerindo que havia mais em jogo do que apenas onde morava. Ele percebeu que o senso de identidade que viria de ser um professor de Harvard poderia ser diferente de como era ser um professor em Stanford. Para alguém de fora, não é grande coisa — ambas são universidades de primeira linha. Mas acho que foi um grande negócio para Persi Diaconis. Não se tratava simplesmente de gostar mais de viver em Cambridge do que em Palo Alto. Era a ansiedade sobre sua nova autonarrativa — a maneira como ele se veria, professor de Harvard — em relação à sua antiga, professor de Stanford. E, certamente, ele se preocupava se seus novos colegas o ajudariam a continuar a crescer como acadêmico.

Amizade

Que papel a amizade deve desempenhar em sua vida? Quanto tempo se deve dedicar a fazer amigos e construir amizades? Você deve entrar em contato com a pessoa que conheceu em um jantar no fim de semana? Se essa pessoa do jantar entrar em contato, você deve aceitar o convite para um café, almoço ou show? O que deve sacrificar para manter e construir as amizades que já tem? Como deve pensar sobre essas questões? Eles são mais bem abordados por um cálculo utilitário, perguntando quanto você ganha financeira ou emocionalmente com a amizade? Você deveria se perguntar se poderia estar "melhor" com um grupo diferente de amigos?

Costumamos usar palavras transacionais para descrever amizade — devo "investir" em meu relacionamento com fulano de tal — como se uma amizade fosse um ativo que pudesse render retorno suficiente pelo tempo gasto. Mas uma alternativa é valorizar a amizade independentemente de quão gratificante ela seja, como parte essencial do seu ser. Você pode desejar ser um bom amigo, mesmo quando não vale a pena, outra expressão financeira que implica uma perspectiva utilitária. Para muitos de nós, a amizade e a rede de conexões que estabelecemos com nossos amigos define quem somos. Dedicamos tempo aos nossos amigos independentemente de quão agradável ou desagradável seja a experiência do dia a dia. Eu exploro a questão da amizade mais profundamente no capítulo 8.

Votar

Você vota? Por quê? Não é o maior problema indomável, mas votar mostra como nosso senso de identidade e o que achamos certo — partes do florescimento — estão em tensão com nosso limitado lado utilitarista. Os economistas realmente argumentam que votar é irracional. Chegar ao local de votação, esperar na fila para votar e voltar para casa leva tempo. Esses são os custos. O benefício? Se houver empate, seu voto desempatará e será decisivo. Mas, na maioria das vezes, um empate não está nem perto. Mesmo que a eleição seja apertada — um resultado decidido por algumas centenas de votos — seu voto ainda não tem sentido em relação ao resultado. Mas você, caro leitor, pode votar de qualquer maneira, como eu, sabendo que meu voto provavelmente adicionará um único voto a um número que já está na casa dos milhões. Por que se importar?

Quando faço essa pergunta às pessoas, elas geralmente respondem: "Mas e se todo mundo ficasse em casa?" A resposta do economista é que se todos ficassem em casa ou não é diferente de "você" ficar em casa ou votar. Então, racionalmente, você deve ficar em casa. Em vez de votar, use o tempo para cortar a grama ou ler para uma criança, ganhar dinheiro como consultor ou ser voluntário em um sopão. Em vez de votar, a escolha racional é encontrar a melhor alternativa de uso do seu tempo.

Diga isso a um eleitor e ele nunca responderá: "Que grande argumento! Se meu voto é essencialmente inútil, a coisa racional é fazer algo útil." Em vez disso, uma pessoa que vota fica com raiva do economista. Apenas um economista fica intrigado com essa raiva. As pessoas votam porque acham que é a coisa certa a fazer — faz parte de sua identidade como cidadão. Eles votam porque não querem se ver como fugitivos. Querem se ver como cidadãos responsáveis que têm a obrigação de votar e que acreditam no cumprimento da sua obrigação. Eles não se veem como otários por votarem — consideram-se admiráveis. Somente um economista seduzido por considerações utilitárias limitadas chamaria isso de irracional.

Divórcio

Darwin teve dificuldade com a decisão de se casar; as pessoas que se encontram em casamentos ruins enfrentam um dilema semelhante. Divorciar-se é um problema tão indomável quanto se casar. Nos tempos modernos, o divórcio tornou-se sistematicamente mais fácil na maioria dos países. E tem havido uma forte tendência cultural de tirar todo o estigma do divórcio. Se o seu casamento não é satisfatório, você é encorajado a deixá-lo. Como um amigo que se divorciou me disse: "Eu simplesmente não estava obtendo o suficiente do casamento."

Os economistas têm modelado o divórcio como uma decisão racional — você se divorcia quando seu bem-estar por ser divorciado excede seu bem-estar por ser casado.

Certamente, é possível olhar para o divórcio como um cientista social usando essa estrutura. Pode até levar a previsões úteis e nos ajudar a entender certos padrões em separações ao longo do tempo e entre países. Mas não acho que isso chegue perto do que realmente está acontecendo com quem enfrenta casamentos ruins.

Apesar da tendência cultural para remover o estigma do divórcio, muitas das pessoas que conheço que são divorciadas não parecem ter tomado uma decisão simples baseada na maximização de seu bem-estar. O casamento faz parte de suas identidades, a forma como se veem. E eles sabem que o divórcio também fará parte de sua identidade se decidirem terminar o casamento. A ideia do divórcio compor identidade não agrada. Eles costumam se ver como o tipo de pessoa que permanece leal até que a morte os separe de seu parceiro.

Algumas pessoas se divorciam por motivos puramente utilitários, na esperança de encontrar mais felicidade no dia a dia do que obtêm com seu parceiro atual. Outros encontram-se tão oprimidos pelo casamento que o florescimento parece impossível. Para essas pessoas, o divórcio é mais do que ser mais feliz — o divórcio é o caminho para o florescimento.

Tornar-se Religioso ou Afastar-se da Religião

Você não se converte a uma religião porque acha que será mais divertido ir à igreja, comer apenas comida kosher ou orar de frente para Meca cinco vezes ao dia. E você não deixa uma religião apenas porque descobre que não é tão legal assim. Há alegrias cotidianas que podem ser encontradas tanto na vida religiosa quanto na vida livre de restrições de uma religião. Mas a decisão de aderir ou deixar uma crença (ou evitar todas elas) não se trata apenas de acharmos a vida resultante agradável ou desagradável. Para muitos, uma vida religiosa tem a ver com encontrar a verdade — os custos são irrelevantes. O mesmo acontece com muitos que perdem a fé — eles deixam sua comunidade, mesmo quando é profundamente doloroso fazê-lo, porque não sentem mais que sua fé é verdadeira.

Pertencer é uma parte central do apelo da religião e da política — o sentimento de fazer parte de algo maior do que você, algo visto como uma obrigação ou que fará do mundo um lugar melhor. Esse sentimento de pertencer a algo que importa profundamente pode impregnar nossos dias muito além do cotidiano.

Atos de Bondade Aparentemente Insanos

Por que alguns alemães e poloneses esconderam judeus dos nazistas durante o Holocausto? A maioria não, é claro, mas por que alguém fez isso, já que isso significava arriscar a própria vida e a de toda a família? A maioria de nós não doa um de nossos dois rins a um estranho. Mas por que mesmo uma pessoa faz algo tão arriscado com pouca promessa aparente de retorno? Quando perguntei à diretora de documentários Penny Lane por que ela doou um rim, sua resposta foi que parecia a decisão obviamente correta, uma vez que ela entendeu ou pensou que entendia os custos e benefícios. O custo era a cirurgia a que ela teria que se submeter e os riscos decorrentes. O benefício era dar a um estranho uma vida melhor e mais longa. Não é exatamente o cálculo utilitarista limitado padrão. Sua expectativa era que, se a cirurgia corresse bem, ela teria um rim a menos e um estranho teria anos de vida livre de sessões de diálise e morte iminente. Voltaremos à experiência de Penny Lane no capítulo 9. Enquanto isso, você pensa que ela tomou uma decisão irracional? Você a considera uma tola ou alguém admirável?

E Agora?

Muitas pessoas colocam o florescimento à frente de efeitos utilitários limitados quando tomam decisões — elas se concentram em como se veem, o que consideram intencional ou significativo em suas vidas, o que consideram certo ou virtuoso. Optam por levar esses aspectos de suas vidas em consideração, mesmo quando as consequências do dia a dia do que experimentarão de suas escolhas são mais dor do que prazer.

Você pode optar por enfatizar o florescimento; pode optar por ignorá-lo. E, certamente, pode florescer sem votar ou doar um de seus rins. Pode passar o dia todo na piscina tentando ter o máximo de prazer possível e ignorando o florescimento. Talvez isso não importe para você. Mas a lista de Darwin dos custos e benefícios do casamento nos mostra como é fácil ignorar as partes da vida que não são facilmente imaginadas. Essas partes incluem coisas que você pode gostar depois de dar um salto. Também pode incluir coisas que geram mais dor do que prazer no dia a dia, mas que dão propósito e significado à sua vida.

Entendemos o apelo de uma margarita à beira da piscina ensolarada. Esses prazeres são iluminados sob a luz da rua de sua experiência anterior ou são experiências facilmente imagináveis. É mais difícil lembrar que pode haver algo mais significativo em sua vida se você se enxugar, se vestir e passar menos tempo na piscina. A importância do florescimento não é apenas mais difícil de lembrar do que os prazeres e as dores de nossas vidas diárias. É mais do que apenas algo que vai gostar no caminho. É mais difícil conceituar antes de experimentar.

O economista e filósofo moral Adam Smith pensava que o florescimento e seu consequente contentamento é mais complicado do que parece. Em sua obra-prima pouco conhecida, *The Theory of Moral Sentiments* [*A Teoria dos Sentimentos Morais*, em tradução livre], ele escreveu que "o homem naturalmente deseja não apenas ser amado, mas ser amável". Por "amado", quis dizer não apenas alguém que recebe cuidados, mas alguém elogiado, apreciado, admirado e respeitado. Queremos ser importantes. E por "amável", Smith quis dizer digno de louvor, apreciação, admiração e respeito. E escrevendo em 1759, quando ele disse "homem", ele quis dizer seres humanos. A ideia de Smith de ser amado e amável está muito próxima do que estou chamando de florescer aqui.

Smith observou que existem duas maneiras de se importar — duas maneiras de ganhar elogios, apreço, admiração e respeito das pessoas ao seu redor. Uma delas é ser rico, poderoso e famoso. A outra é ser sábio e virtuoso. Smith chama o primeiro caminho de "espalhafatoso e reluzente". Esse caminho é naturalmente atraente — os ricos, poderosos e famosos são facilmente notados e aqueles que os notam são numerosos, o que Smith chama de a "grande multidão da humanidade". Às vezes dizemos que uma pessoa rica, poderosa e famosa está florescendo, mas é um sentido diferente do que estou usando aqui e leva a um tipo diferente de satisfação.

O caminho da sabedoria e da virtude também conquistará o respeito daqueles ao seu redor, mas esse caminho não é tão bem iluminado. Atrai a atenção do que Smith descreve como um "pequeno grupo", principalmente daqueles que são sábios e virtuosos. O caminho espalhafatoso e reluzente é o sedutor. O melhor caminho está nas sombras e é mais difícil de ser lembrado.

Se você se preocupa com o florescimento, precisa trabalhar duro para mantê-lo na frente e no centro.

Nos próximos capítulos, vou expandir essa ideia examinando uma série de problemas indomáveis com mais profundidade e explorar a sedução do que está na luz em contraste com o que está nas sombras. Sugiro algumas abordagens que podem ser mais úteis do que tentar fazer um cálculo utilitário limitado. Não há um conjunto simples de regras a seguir para enfrentar esses problemas indomáveis. Em vez disso, eu lido com alguns problemas indomáveis comuns para ajudá-lo a descobrir sua própria abordagem para enfrentá-los.

Vamos começar com o problema de com quem se casar. Como devemos abordar essa decisão se quisermos manter o florescimento em mente e o que mais possa estar nas sombras? Ao longo da jornada, aprenderemos algumas lições que também se aplicam a outros problemas indomáveis.

7

O Complexo de Penélope

Penélope era a esposa de Odisseu, o grande rei e guerreiro da Grécia antiga, a quem talvez você conheça pelo nome romano, Ulisses. Ele parte para a Guerra de Tróia e, após vinte anos, ainda não havia voltado para Ítaca. Supondo sua morte, muitos homens vêm à casa de Odisseu em busca da mão de Penélope. Um bando de pretendentes. O número exato é um pouco incerto, mas de acordo com uma contagem, existem 108 deles. Os pretendentes se mudam para a casa de Odisseu. (É uma casa grande. Mais como um palácio — há muito espaço.) Os pretendentes comem, bebem e festejam, banqueteando-se com os rebanhos de ovelhas e gado do guerreiro, esperando que Penélope decida qual deles seria o melhor marido.

Embora seja sempre bom ser desejada, Penélope está essencialmente cercada. Mas ela parece desinteressada em se libertar escolhendo um dos 108 homens. Ela é simplesmente leal a Odisseu? Está esperando que ele ainda esteja vivo e algum dia volte para casa? Ou talvez simplesmente não consiga enfrentar a decisão de quem seria o melhor marido. Ela ganha tempo.

Penélope diz aos pretendentes que escolherá um quando terminar de tecer um sudário para o sogro que ainda está vivo. Isso pode parecer um pouco macabro, mas na época de Penélope, não se podia correr para uma loja de departamentos e comprar uma bela mortalha quando você precisava de uma, ou ir para uma loja de grife se quisesse algo um pouco mais elegante. Tecer um sudário levava muito tempo — criar o fio ou linha era um projeto enorme e havia outras demandas de tecido — era preciso se certificar de que a família estivesse vestida e tivesse muitos cobertores. Você não esperaria seu sogro morrer. Você faria o sudário com antecedência.

À noite, Penélope desfia o que tricota durante o dia. O ardil da mortalha funciona por três anos (?), sugerindo que os pretendentes não sabem muito sobre tecelagem (o que é muito provável), estão muito bêbados a maior parte do tempo (o que é quase certo), ou têm expectativas muito baixas sobre a habilidade de tecelagem de Penélope (o que é possível). Eventualmente, os pretendentes descobrem o truque — uma de suas servas a delata para um pretendente com quem está dormindo. Os pretendentes redobram a pressão sobre Penélope para que tome uma decisão e escolha um deles. Presumivelmente não será o cara dormindo com sua serva.

Vamos supor que Penélope realmente tenha deixado a hesitação de lado e queira encontrar o melhor marido possível entre os pretendentes. Como ela deve decidir? Vamos permitir que ela passe um tempo com cada um dos 108 homens, um de cada vez. Ela pode entrevistar aquele pretendente, sair para tomar um café, compartilhar um jantar à luz de velas no centro de Ítaca. Então ela toma uma decisão sobre aquele pretendente — casar ou não casar. Mas, uma vez que ela rejeita um deles, não pode voltar atrás. Aquela opção está perdida para ela. Dadas essas regras, existe uma estratégia racional para Penélope seguir?

Você pode ou não estar procurando por um parceiro de vida. Mas há aspectos do complexo de Penélope que permeiam todas as nossas maiores decisões — temos várias opções. Qual delas é superior? Qual é a melhor se eu quiser florescer?

Uma versão do complexo de Penélope foi apresentada em 1960 pelo colunista e escritor de ciência Martin Gardner, na revista *Scientific American*, em um contexto diferente — veio a ser conhecido como o problema da secretária. Aqui está como Gardner o estruturou. Que regra você deve seguir quando tiver vários candidatos a uma vaga, puder entrevistar cada um deles e contratá-los ou rejeitá-los? Uma vez rejeitados, passam para outras opções e ficam indisponíveis para contratação.

Se Penélope enfrenta essas mesmas suposições, existe um algoritmo para seguir se ela quiser maximizar sua chance de se casar com o melhor homem entre os 108 pretendentes.

Entreviste 37% dos pretendentes — neste caso, isso equivale a quarenta entrevistas. Penélope não vai se casar com nenhum desses quarenta. Essas entrevistas são uma maneira de aprender sobre a qualidade do que Ítaca tem a oferecer em termos de maridos. Observe o melhor dos quarenta. Suponha que o melhor dos primeiros quarenta seja Elatos. Não há casamento — afinal, após ser rejeitado, ele estará perdido. Mas você usa Elatos como uma régua de medição — a referência — para os 68 restantes. Alcançando alguém melhor, você se casa.

Há uma chance de que Elatos seja o melhor candidato. Então, nenhum dos outros 68 restantes superam-no. Então, você fica presa com o 108º pretendente. Nesse caso, Penélope não consegue o melhor marido. Supondo que ela encontre os pretendentes em ordem aleatória, a qualidade esperada do último homem a ser entrevistado seria a qualidade média do grupo. Mas é claro que, na verdade, o 108º homem pode ser bastante horrível. O bem-estar esperado *ex-ante* e o bem-estar real *ex-post* podem ser muito diferentes.

O impressionante é que essa estratégia tem uma chance surpreendentemente alta de dar a Penélope o melhor do grupo. O quão alta é? Se ela assim fizer, suas chances de conseguir o melhor marido são de 37%. Nada mal.

Tanto a proporção de pretendentes que você entrevista quanto as chances de encontrar a melhor combinação ao seguir esse modelo é de 37%. Isto não é coincidência. No caso geral, você pega o número de pretendentes e divide esse número por *e*, o número de Euler. O número de Euler pode ser representado de várias maneiras, incluindo a série infinita:

$$e = \sum_{n=0}^{\infty} \frac{1}{n!} = 1 + \frac{1}{1} + \frac{1}{1 \cdot 2} + \frac{1}{1 \cdot 2 \cdot 3} + \cdots$$

que soma, aproximadamente, 2,71828... onde as reticências representam um número infinito de dígitos após o ponto decimal. Se você entrevistar *n/e* pretendentes (onde *n* é o número de pretendentes — no caso de Penélope, 108) e escolher o primeiro que supera sua referência, seu Elatos, a chance de obter o melhor candidato entre os *n* pretendentes é de 1/*e*, que chega a 37%. Por que *e* deve figurar neste cálculo é um daqueles mistérios elegantes da matemática. Quão belo é isso?

Penélope não assinava a *Scientific American*. Então, ela não tinha uma equação ou estratégia elegante para escolher entre os 108 pretendentes. Ela não confiava na intuição, pelo menos superficialmente. O que fazer?

Claro, o leitor da *Odisseia* sabe algo que está fora do conhecimento de Penélope, o que torna seu problema tão fascinante para o leitor: Odisseu está vivo e em segurança em Ítaca. Depois de sobreviver à Guerra de Tróia e superar as sereias, os ciclopes, Cila e Caríbdis e outros desafios, Odisseu consegue voltar para casa apenas para descobrir que tem 108 inimigos vivendo em grande estilo em sua sala de estar e esgotando sua propriedade.

Um subterfúgio será necessário para recuperar sua esposa. Ele se disfarça como um velho mendigo.

Talvez sentindo que esse mendigo é seu marido ou apenas continuando a ganhar tempo, Penélope inventa um teste de força como forma de resolver o problema indomável que ela enfrenta. Primeiro, ela diz aos pretendentes que eles precisam armar o arco de Odisseu. Então tem que atirar uma flecha através das aberturas em doze cabos de machado. "Cumpra este desafio duplo", ela diz, "e eu sou sua."

Infelizmente para os pretendentes, nenhum é forte o suficiente para até mesmo armar o arco. Penélope parece estar destinada a uma vida inteira de solidão. Mas o velho mendigo — que sabemos ser Odisseu — pede uma chance, um pedido que é recebido com um coro de raiva e zombaria dos pretendentes. Como essa carapaça curvada de um homem vai armar o arco do grande Odisseu, um arco que nenhum deles é capaz de armar? Mas Penélope sugere que a hospitalidade exige que o mendigo tenha sua chance. E com esse anúncio, ela vai para a cama e chora até dormir, chorando por seu marido há muito perdido, presumivelmente sem saber que ele está no andar de baixo, em carne e osso.

Os pretendentes zombam e provocam o mendigo vestido de trapos por pensar que ele pode realizar tal façanha. Mas armar o arco para Odisseu não é mais difícil do que é para Mark Knopfler (líder da banda Dire Straits) substituir uma corda arrebentada em sua guitarra. E então, talvez apenas para mostrar, Odisseu completa o desafio de sua esposa e também consegue a façanha do cabo de flecha e machado. Os pretendentes sabem que estão em apuros. Odisseu, seu filho Telêmaco e dois servos de confiança, em seguida, matam todos os 108 pretendentes com danos mínimos a si mesmos. E nasce um gênero — o pequeno e corajoso bando de mocinhos superam grandes probabilidades e sobrevivem ilesos.

O teste aparentemente bobo de Penélope para armar o arco na verdade conseguiu identificar algo próximo ao melhor homem. Ela teve apenas um pouco de sorte. Terminar com o melhor não é algo que você vê todos os dias. Eu não contaria com isso.

O que podemos aprender com Penélope?

Mesmo sem o conhecimento matemático de um Leonhard Euler, e mesmo sem ter um número transcendental com o nome de sua primeira inicial, é uma boa ideia obter algumas informações sobre possíveis parceiros e as usá-las para ajudá-lo a decidir com quem se casar. Você não precisa ler a *Scientific American* para perceber que não importa quantos peixes estejam no mar, você não pode encontrar todos eles, então considere ter uma regra de parada implícita, se não explícita — uma ideia aproximada de quando levar a sério a decisão de se casar.

A maioria de nós também percebe que nem todos com quem queremos nos casar querem se casar conosco. A maioria de nós também percebe que ao dizer não a alguém corremos o risco de que essa pessoa não esteja disponível no futuro. Tenho um amigo que fazia longas viagens noturnas de canoa com a família quando os filhos eram pequenos. Quando chegou a hora de descobrir onde parar para passar a noite, ele deixou seus filhos tomarem a decisão. A intenção era que eles aprendessem que o melhor pode ser o inimigo do bom: esperar o melhor ponto para acampar durante a noite acarreta no risco de ficar preso e dormir em uma costa rochosa ou passar a noite em claro. Espere pelo melhor parceiro de casamento e você pode ficar preso com o último pretendente — ou o pretendente 109, e assim por diante.

Mas a lição mais valiosa do complexo de Penélope e a solução matemática que pretende resolvê-lo é mais uma antilição. A versão matemática da questão de com quem se casar é elegante, mas não é tão boa para a vida. Com problemas indomáveis, a busca pelo melhor é um erro: seja a busca pela melhor carreira, a melhor faculdade, o melhor cônjuge, o melhor de tudo.

Para alguns problemas que enfrentamos, o melhor é muito bem definido. Quando o hedonista descarado de Dan Gilbert está tentando obter o máximo prazer de fazer escolhas como consumidor — qual sapatos comprar, em qual hotel ficar, qual filme assistir hoje à noite, qual tequila colocar naquela margarita à beira da piscina — há tantas ferramentas para ajudar: recomendações da Amazon, avaliações no IMDb, Tripadvisor e guias online para consumidores. Não existe o melhor absoluto, mas geralmente consigo chegar perto do que é melhor para mim quando se trata de sapatos, hotéis, filmes, tequilas e as áreas mais utilitárias da vida.

Mas qual é o melhor cônjuge? Por melhor, não quero dizer o melhor do mundo, mas o melhor que está disponível para mim e que é um parceiro disposto. A versão matemática do complexo de Penélope elimina a parte mais difícil do problema. Presumimos que depois de entrevistar quarenta pretendentes, Penélope pode identificar o "melhor" dos primeiros quarenta — Elatos, em minha releitura. Mas o que isso significa mesmo? Como ela pode saber quem dos primeiros quarenta que ela entrevista será o melhor marido?

Se você me der dois sabores de sorvete, geralmente posso dizer qual prefiro. Dê-me uma escolha entre duas férias diferentes — praia versus montanhas, digamos — e eu posso te dizer qual eu escolho experimentar. Dê-me dois cônjuges em potencial, deixe-me passar algum tempo com cada um e talvez eu possa dizer qual deles combina melhor comigo. Porém, é mais um palpite sobre um problema indomável do que qualquer tipo de certeza. Não há muita ciência em jogo.

Os seres humanos são imperfeitos, falhos, difíceis de conviver, às vezes até de tolerar. Certamente há alguém mais inteligente, mais gentil, mais fisicamente atraente, mais engraçado, mais paciente com suas falhas do que seu parceiro atual — a lista continua.

Mas há muito poucas pessoas, talvez nenhuma, que são todas essas coisas. Como escolho entre um pretendente que é mais doce do que meu interesse romântico atual, mas menos inteligente? Ou alguém que compartilha mais dos meus interesses, mas com quem tenho menos química? Quais são os pesos que devo usar para trocar um atributo que me interessa por outro?

A palavra "melhor" implica uma grandeza escalar — uma medida unidimensional — um número que posso usar para comparar duas escolhas. Essa não é a pior coisa a fazer quando se trata de contratar um candidato a emprego, como sugere Kahneman. Mas escolher um companheiro é um pouco mais complicado. Um parceiro de vida é a matriz final de características, virtudes, vícios, vantagens e desvantagens. Um ser humano. E como você experimenta essa matriz que muda ao longo do tempo, à medida que você cresce, idealmente, ao lado de seu cônjuge. No casamento, há mais de um objetivo a se preocupar.

Portanto, você não apenas deixa de conhecer o número ideal de pretendentes para considerar (embora todos concordemos que, provavelmente, seja menos de 108), não há uma maneira óbvia de definir o melhor como referência ou como resultado.

Uma resposta comum a esse argumento é: "Sim, sim, sim, é claro que não consigo encontrar a melhor pessoa. Mas o objetivo é chegar o mais próximo possível, certo?" O mesmo problema surge em muitas áreas — é melhor quantificá-lo o máximo que puder, diz o argumento, mesmo que não seja perfeito. Mas esse argumento pressupõe que você não será seduzido pela precisão da medida, mesmo sabendo de sua imperfeição. Então, sim, o perfeito é inimigo do bom. Mas o quase perfeito pode ser igualmente perigoso.

Você pode responder dizendo que é errado "acomodar-se", contentar-se com alguém apenas bom, em vez de ótimo. Na verdade, estou dizendo algo pior. Não estou encorajando-o a se acomodar; estou lhe dizendo que você tem que se contentar. O melhor cônjuge/companheiro/carreira/cidade não existe e não é só porque são difíceis de encontrar. Não se trata de um conceito significativo.

Essa é a percepção do cientista social Herbert Simon que argumentou que a otimização (encontrar o melhor resultado) está além das nossas limitações humanas. O que estou chamando de "acomodação" aqui está intimamente relacionado ao que Simon chamou de "satisfatório", uma combinação de satisfação e suficiência, fazendo o melhor que podemos com nosso conhecimento limitado. Nos modelos formais, satisfatório envolve um limite mínimo — pelo menos tão bom quanto o Elatos, digamos — para evitar a busca infrutífera pelo melhor. Mas, em geral, satisfatório é, de fato, o melhor que podemos esperar, mesmo que tudo o que nos importa sejam fatores utilitários limitados.

O medo de estarmos nos acomodando pode nos paralisar — pode ser uma desculpa para não tomar nenhuma decisão. "Acomodação" não é a palavra certa de qualquer maneira. Acomodar-se significa aceitar de bom grado uma opção inferior. Quando se trata de casamento ou de todos os tipos de problemas indomáveis, o inferior raramente está em jogo. Enfrentamos opções em que alguns aspectos da decisão parecem melhores, mas outros são piores. O que algumas pessoas chamam de "resolver" é simplesmente perceber que é hora de tomar uma decisão e não há razão para pensar que existe uma opção melhor. Isso não resolve. Isso é decidir.

O casamento é um caso em que o melhor é verdadeiramente inimigo do bom o suficiente. Por que o casamento é tão difícil? Não mudamos de cidade em cidade porque não temos certeza se encontramos o melhor lugar possível para viver. Mas às vezes temos dificuldade de nos estabelecer com um parceiro por medo de que poderíamos ter algo melhor. Ou um problema maior — nosso medo de que a pessoa com quem estamos nos casando não seja com quem sempre nos vimos casados, alguém cuja percepção de qualidade corresponda à nossa, seja lá o que isso signifique.

Com quem se casar pode ser um problema indomável em que um aplicativo ou um algoritmo pode ser útil. Sites de relacionamentos estadunidenses como Match e eHarmony tentam encontrar pessoas que sejam compatíveis. Eu fiz parte do conselho consultivo do eHarmony por um breve período. Um informante de lá recentemente conversou comigo sobre a questão de encontrar um bom parceiro para o casamento.

Sua opinião era que o poder do algoritmo do eHarmony, que pretendia encontrar uma boa ou até mesmo a melhor combinação disponível usando respostas ao questionário, não era a chave para seu sucesso. Era muito mais simples do que isso. O sucesso foi devido a combinar pessoas que levavam o casamento a sério. Tanto a extensão considerável do questionário exigido quanto as perguntas nele selecionadas visavam pessoas comprometidas com o matrimônio, não apenas com o namoro. Essa é uma visão útil para quem quer se casar. Se você está ansioso para se casar, tente namorar pessoas que levam a sério o casamento.

A questão de com quem se casar ilustra toda a complexidade de um problema indomável. Você não pode prever como será o dia a dia com outra pessoa. E mesmo que pudesse antecipar a existência do cotidiano, seria incapaz de antecipar a parte florescente da decisão — se vai gostar de quem você se tornará como cônjuge, especialmente como companheiro desse parceiro em particular.

Então, o que fazer agora? Nos tempos modernos, normalmente procuramos o amor e tentamos imaginar com quem seremos mais felizes. Mas e o florescimento? Como manter o florescimento em mente pode ajudá-lo a escolher um parceiro para a vida?

Aqui está uma maneira de pensar sobre esse tipo de problema indomável que pode ajudá-lo para além de escolher um cônjuge.

Suponha que você tenha a chance de passar três semanas em Roma e acredite que será sua única chance de conhecer a cidade. Você sabe que Roma é o lar de museus extraordinários, esculturas maravilhosas ao ar livre e ruínas de tempos antigos que ainda estão de pé. Há comida divina para comer, vinho delicioso para beber, ruas estreitas para explorar.

Além dos destaques turísticos padrão, você gostaria de passar o tempo apenas caminhando sem um destino específico em mente, sendo o que é chamado de *flâneur*, vagando, não sem rumo, mas pensativo, apreciando a luz da manhã nas paredes das ruínas do Coliseu, de pé em uma ponte sobre o Tibre enquanto um remador passa logo abaixo, observando o pôr do sol da Escadaria Espanhola, apenas apreciando Roma e agradecendo a chance de contemplá-la.

Claro que você quer se divertir, mas também espera crescer com a viagem, aprender algo sobre a história da cidade que remonta a mais de dois mil anos e talvez ter uma experiência espiritual ao longo do caminho. E mesmo não sendo fã de ópera, você se pergunta se pode aprender a apreciá-la antes de sua viagem ao país de Verdi e Puccini.

Ao se preparar para a viagem, descobre, para sua decepção, que seus conhecidos que estiveram em Roma têm dificuldades para colocar em palavras o que acharam especial na cidade. Eles ficam desconfortáveis em fazer recomendações específicas. Quando você está nos Estados Unidos e digita "Roma" no Google, os resultados são sobre Roma, Nova York. A Amazon não tem guias para a cidade, e o único que você pode encontrar em sua biblioteca local é da década de 1940, com todas as fotos em preto e branco. O que você faz agora? Você se orgulha de sua racionalidade, mas como tomar uma decisão racional sobre o que fazer em Roma quando se está no escuro sobre o que há na cidade e se gostará ou não de lá?

A vida é muito parecida com tentar planejar uma viagem a Roma sem um guia.

Mesmo que tudo o que importe seja se divertir durante seu tempo tão curto nesta terra, você tentará antecipar o que trará deleite, prazer e contentamento. E a maioria de nós se preocupa com mais do que apenas se divertir. Gostaríamos de encontrar propósito e significado, de fazer a coisa certa, de pertencer. Queremos uma vida bem vivida. Queremos florescer.

Você não pode prever do que vai gostar e certamente não pode imaginar alguns dos prazeres mais profundos que nos definem além das estreitas experiências cotidianas da vida.

Comece enfrentando sua ignorância. Problemas indomáveis não são os tipos de problemas com respostas. E tudo bem. É melhor do que o bom. É glorioso, algo como ir a Roma pela primeira e única vez. Claro, alguns de nós adorariam que alguém nos desse um itinerário para nossa viagem — um ônibus de turismo onde todas as paradas são pré-planejadas porque são as mais populares. Mas a maioria de nós preferiria descobrir por conta própria o que amamos em Roma e o que podemos vir a amar. Você não prefere se surpreender do que ter tudo planejado? E isso não importa, porque, de qualquer forma, você não pode mapeá-lo.

Mas o que fazer ao chegar a Roma sem um guia?

Uma coisa a se pensar é em viajar com alguém que possa ajudá-lo a descobrir o que Roma tem a oferecer. Alguém para conversar depois de visitar o Coliseu. Cuja alegria ao ver o *Davi* de Michelangelo em sua viagem de um dia a Florença reflita sua alegria e a torne ainda maior.

Quem pode ser um bom companheiro de jornada? Alguém cuja companhia lhe agrade. Que compartilhe seus gostos em comida, museus e ópera. E se a ideia de ver se é possível aprender a amar ópera lhe cruzar a mente, alguém que também seja curioso. Se odeia museus, talvez não queira viajar com um amante da arte que quer passar dois dias no Vaticano.

Nenhum guia, nem mesmo o melhor, pode dizer com quem viajar. Se puder, case-se com seu melhor amigo, alguém com quem possa conversar e com quem possa ficar quieto. Alguém que tenha um bom coração e compartilhe sua visão do que é importante — seus valores e princípios. Encontre alguém que você respeite e que lhe respeite. Encontre alguém que faça seu coração vibrar — chame isso de amor ou química. Isso não é apenas bom o bastante. É fantástico. Não é uma busca pelo melhor amigo, mas pela pessoa que pode explorar a vida ao seu lado, a pessoa com quem compartilhar a jornada. E talvez você possa encontrar alguém que respeite suas imperfeições e, ao mesmo tempo, ajude-o a aspirar a ser alguém melhor do que é agora.

Também não é uma má ideia manter a tradição em mente. Acho que a maioria de nós nos tempos modernos despreza a tradição como o equivalente à superstição. Não é ruim considerar o que sobreviveu ao teste do tempo. Nem tudo que sobrevive vale necessariamente a pena. Você pode não se curvar à tradição, mas não é um ponto de partida inválido.

Nesse caso, casar-se com alguém que é como você, que vem de um ambiente semelhante, que compartilha uma religião ou não, que tem senso de humor, e assim por diante, não é um conselho a ser descartado imediatamente como antiquado. Às vezes, batidas antiquadas são coisa de última geração.

Esta é a ideia da Cerca de Chesterton, atribuída a uma percepção de G. K. Chesterton. Ao se deparar com algo que não faz sentido para você — uma cerca no meio do nada sem propósito aparente — é possível se sentir tentado a derrubá-la. Antes de fazer isso, deve-se tentar descobrir por que aquilo está lá — pode ter uma causa ou propósito que não é óbvio. Isso também é verdade para muitos problemas indomáveis. Casamento e filhos podem não ser para você. Casar-se com alguém que compartilha muitos de seus valores ou vem de uma formação semelhante pode não fazer sentido para você. Mas tem sido o caminho do mundo por um longo tempo. Você pode não querer derrubar essa cerca sem pensar um pouco. Pode haver uma razão para a prática que você é incapaz de apreciá-la.

Darwin certamente seguiu o caminho tradicional. Ele não apenas se casou, apesar de sua lista de custo-benefício, mas também não passou muito tempo tentando encontrar a melhor esposa. E ele se casou com alguém de seu próprio mundo e que compartilhava as mesmas experiências.

Depois que Darwin escreveu "Casar – Casar – Casar Q.E.D." em seu diário, ele não passou por 108 opções. Tempos diferentes, o século XIX. Cerca de um ano depois de seu monólogo interno sobre matrimônio, Darwin se casou com sua prima em primeiro grau, Emma Wedgwood. Isso é definitivamente ficar no próprio mundo. Eles foram casados por mais de quarenta anos, até a morte de Darwin em 1882. Eles tiveram dez filhos e sete sobreviveram até a idade adulta.

Como foi o casamento para Darwin?

Vinte anos depois de se casar, Darwin publicou A *Origem das Espécies*. Com trinta e dois anos em sua vida de casado, ele publicou *A Origem do Homem*. Ao longo do caminho, publicou livros sobre orquídeas, mofo vegetal e plantas insetívoras. Uma biografia de seu avô, Erasmus Darwin, e uma autobiografia. É uma pena — se ele nunca tivesse se casado, ele poderia ter feito algo por si mesmo.

Essa piada mascara a realidade de que não há decisão certa. Darwin poderia ter se casado com uma mulher que o tornasse infeliz; seu casamento poderia ter lhe custado a serenidade necessária para realizar grande ciência, e as normas sociais da época poderiam tê-lo impedido de se divorciar. Ele contou em cartas a amigos como não conseguia trabalhar quando seus filhos estavam doentes e que temia ter passado para eles algumas formas de enfermidade crônica. Alguns de seus filhos morreram jovens e lhe causaram grande dor.

Os fardos do casamento e da paternidade poderiam ter custado a Darwin seu lugar na história; Alfred Russel Wallace poderia ter sido muito mais famoso. Parece ter dado certo para Darwin, embora no final de seu casamento, suas visões científicas e as visões religiosas de sua esposa tornaram seu relacionamento mais complicado do que em seus primeiros dias juntos.

Ao contrário de Bacon, Darwin parece ter encontrado uma boa parceira e que o ajudou a florescer de maneiras inesperadas. Em sua autobiografia, depois de falar sobre as gentilezas de sua esposa, ele concluiu:

> Maravilho-me com minha boa sorte pelo fato que ela, tão infinitamente superior a mim em todas as qualidades morais, consentiu em ser minha esposa. Tem sido minha sábia conselheira e alegre consoladora durante toda a vida, sem ela teria sido, durante um período muito longo, um miserável com problemas de saúde. Ela ganhou o amor e a admiração de todas as almas próximas a ela.

Ele acabou deixando Londres e foi curtir a vida no campo. Mais do que bater papo no sofá, sua rotina diária incluía Emma Darwin lendo em voz alta para o marido, várias vezes por dia. Evidentemente, ele também gostava disso.

Mas suspeito que seu casamento com Emma significou muito mais do que um conjunto prazeroso de experiências de vida. Em uma carta para Emma Wedgwood na semana antes de se casar com ela, em janeiro de 1839, ele deixou claro que não apenas aspirava a se casar, mas também aspirava a ser um homem melhor do que era quando solteiro. Darwin viu sua futura esposa como a companheira que o acompanharia em sua jornada pela vida e, ao fazê-lo, torná-la-ia mais significativa, ainda mais significativa do que sua busca pela verdade científica, pela oportunidade de ter alguém ao seu lado. Ele já chegou à conclusão, talvez por maturidade ou ao cortejá-la, de que sua lista de custos e benefícios do casamento estava incompleta.

Darwin começa sua carta esperando que através do casamento ele "se torne gradualmente menos embrutecido". Ele continua dizendo: "Acho que você vai me humanizar e logo me ensinará que há maior felicidade do que construir teorias e acumular fatos em silêncio e solidão. Minha querida Emma, eu oro sinceramente que você possa nunca se arrepender da grande — e eu acrescentarei muito boa — cerimônia da qual fará parte na terça-feira: minha querida futura esposa, Deus te abençoe."

Darwin certamente não encontrou a melhor esposa. Essa é a missão de um tolo. Mas ele encontrou uma parceira que o ajudou a florescer.

Há mais um problema em aplicar o problema da *Scientific American*, de Martin Gardner, à sua vida pessoal. Presume-se que qualquer pessoa pedida em casamento por você ficará feliz em aceitar. Na vida real, poucos de nós desfrutamos desse luxo. Penélope tinha 108 pretendentes. Muitos de nós têm a sorte de ter apenas um e, às vezes, essa não é necessariamente uma boa união.

Porque quando um não quer dois não brigam, muitas pessoas nunca se casam. Nunca encontram um bom par. Isso é particularmente verdadeiro nos tempos modernos, onde a tradição de se casar jovem morreu décadas atrás. A amizade, em vez do casamento, é outra maneira de florescer. Muitos de meus amigos solteiros criam amizades extraordinárias; por não terem cônjuge ou filhos, têm mais tempo para se dedicar à amizade e se dedicam a ser bons amigos, bons tios e boas tias. Suas amizades se tornam uma fonte maior de significado e florescimento do que as amizades fora do casamento para muitos casais.

A maioria das pessoas concordaria que a amizade e a família são fontes profundas de significado. Mas como interagimos com nossos amigos e familiares é um tipo especial de problema indomável. Não tem o drama do casamento ou da paternidade, mas é difícil prever como usamos nosso tempo e as consequências de nossas escolhas. É um grande desafio, não porque é dramático, mas porque muito está em jogo. "O que eu ganho com isso" é grande em como passamos nosso tempo — é tão fácil dizer a nós mesmos que podemos passar tempo com a família e os amigos mais tarde. Afinal, eles estão lá para nós — eles são nossos amigos e familiares.

Nosso trabalho e desejo de sucesso no trabalho nos afastam desses relacionamentos. Quando se trata de família, podemos racionalizar passar mais tempo no trabalho porque dizemos a nós mesmos que não estamos fazendo isso por nós mesmos, estamos fazendo isso por eles — minha família será a beneficiária dessa promoção pela qual estou trabalhando ou do salário mais alto que meu tempo de trabalho eventualmente produzirá.

Também podemos racionalizar o tempo que passamos nos divertindo longe de nossa família, seja jogando golfe ou assistindo futebol ou passando o tempo mexendo em nossos telefones. Precisamos dessa distração, dizemos a nós mesmos, como uma forma de relaxamento para que possamos ser melhores amigos, cônjuges ou pais. Esses prazeres facilmente nos seduzem — eles estão sempre no brilho da luz da rua. É natural nos vermos como o centro do universo. Como podemos nos lembrar da importância da amizade e da família?

Todos os dias, enfrentamos a questão de como interagir com aqueles que nos rodeiam. Que tipo de amigo, pai ou colega queremos ser? Essa pergunta não tem o drama de propor casamento ou dar à luz um filho. Mas como agimos como amigos, pais, colegas — como tratamos as pessoas ao nosso redor — nos define, mesmo que essa definição se desdobre quase imperceptivelmente por um longo período em comparação com as decisões mais dramáticas da vida. Todos os dias, podemos ver aqueles que nos rodeiam como uma forma de florescer ou como uma forma de alcançar um prazer mais utilitário. Muitas vezes, essas duas forças competem. No próximo capítulo, exploro como você pode pensar sobre essa competição para se tornar quem você gostaria de ser.

8

Como se Superar

Há um ditado de origem desconhecida: "Se você quer ir rápido, vá sozinho. Se quer ir longe, vá acompanhado." Nunca me importei de ir sozinho. Tanto minha esposa quanto eu temos o que o poeta Dana Gioia chama de "capacidade de solidão". E é uma habilidade que vale a pena cultivar no mundo atual de aplicativos e telas que chamam a atenção. Mas, para viagens mais longas, minha esposa e eu preferimos a companhia um do outro. O princípio vai muito além do casamento — tanto do que fazemos como trabalhadores, voluntários, gente feliz que se diverte com jogos que nos encantam, quanto do que fazemos com os outros. A cooperação é desvalorizada.

Lidar bem com os outros — ser um bom amigo, cônjuge ou colega — é um problema indomável que enfrentamos todos os dias, tentando equilibrar nosso trabalho ou nosso desejo de ficar sozinhos com os desejos das pessoas ao nosso redor de passar tempo juntos. Como o foco no florescimento nos ajuda a lidar com essa tensão? Como podemos ser melhores amigos, cônjuges e colegas?

Superar-se é um bom lugar para começar — estar ciente de que você não é o centro do universo. Isso requer algum nível de autoconsciência — ter consciência de como suas ações e palavras afetam os outros e como você é percebido. A autoconsciência pode vir de terapia, meditação, religião ou do conhecimento da filosofia ou da literatura.

A religião e a meditação, em seu melhor aspecto, colocam-nos em contato não apenas com nós mesmos, mas com o que é maior; permitem-nos experimentar o transcendente, bem como um senso de pertencimento. Na pior das hipóteses, essas práticas podem se transformar em uma forma de autoabsorção e narcisismo, uma maneira de olhar para o próprio umbigo e egocentrismo. Estou falando de algo diferente aqui: trata-se de estar ciente de que o que dizemos e pensamos muitas vezes é subconsciente. Nossos botões são pressionados pelo que aconteceu no início do dia ou por uma forma habitual de interação com os outros que se torna uma rotina difícil de escapar.

Em um casamento, por exemplo, um parceiro pode reagir visceralmente a algo dito pelo outro, uma reação que foi aperfeiçoada ao longo do tempo para ser totalmente subconsciente. Na melhor das hipóteses, o que a meditação, a terapia ou a religião podem fazer é permitir uma pausa antes da resposta. Essa pausa pode ajudá-lo a perceber que o que realmente está acontecendo nem sempre é capturado pelas palavras. A pausa pode lembrá-lo de que é possível sair do roteiro no qual poderia estar preso; pode lembrá-lo de que sua resposta natural é mediada por seus próprios medos, desejos e necessidades; pode lembrá-lo de que você pode sair de sua resposta habitual e ser mais ponderado ou atencioso. Com a prática, você pode mudar sua reação natural para uma melhor.

Um dos desafios de cultivar esse tipo de autoconsciência é que ela não parece vir naturalmente. E a abordagem limitada e utilitária da vida torna a autoconsciência mais difícil. Se eu estou sempre perguntando, o que eu ganho com isso? — De que benefício vou desfrutar e se é maior que o custo? — É mais difícil perceber como interajo com os outros e como a maneira como estou me comportando pode não levar em consideração o que as pessoas podem precisar de mim.

Como podemos nos libertar dos scripts que repetimos várias vezes como se estivesse no piloto automático, os scripts que amortecem ou envenenam nossos relacionamentos? Como podemos reescrever nossa narrativa pessoal — que podemos chamar de história de nossa vida — de uma maneira que possa nos ajudar a nos superarmos? Nós nos acostumamos com as narrativas que temos de nós mesmos: vítima, herói, superstar, perdedor e tudo mais.

Inevitavelmente nos vemos como o personagem principal de nosso próprio reality show. Como protagonista, você enfrenta as grandes decisões da vida — onde morar, que emprego aceitar, com quem se casar, e assim por diante — os problemas indomáveis de sua vida. Ao longo do caminho, como em qualquer bom drama, a vida intervém de todas as formas típicas e inesperadas, as reviravoltas que tornam uma história interessante. Você fica doente; uma oferta de trabalho esperada não chega; uma oportunidade romântica termina em rejeição. Ou você recebe uma honra inesperada; alguém abre um negócio e lhe faz uma oferta nunca esperada; aquela viagem com um amigo se transforma em amor.

Através de tudo isso, você persevera e desiste, sorri e chora, dança e fica à margem, planeja e trama, espera e sonha. Sonha acordado com os sucessos do passado e os que pode imaginar no futuro. Você se parabeniza pelas reviravoltas na história que deram certo e, muitas vezes, mas nem sempre, lembra-se de episódios mais sombrios ou mesmo de uma temporada inteira de episódios não tão alegres, onde as coisas não correram tão bem, apesar de seus melhores esforços. O passado é um arquivo cada vez maior de histórias — as memórias levadas consigo para o futuro — e o futuro guarda todas as histórias que você espera criar.

Como somos programados para pensar mais em nós mesmos do que nos outros, temos esse drama interno chamado "a história da minha vida" — 24 horas por dia, 7 dias por semana em nossas telas de vídeo internas. Portanto, é normal pensar em si mesmo como o personagem principal do drama, que é sua vida, e todos os outros ao seu redor como o elenco de apoio.

Essa narrativa preenche nosso espaço mental e, por sua vez, afeta a forma como vivenciamos nosso cotidiano. É a maneira como entendemos o que nos acontece e o que esperamos que aconteça no futuro. Essas narrativas estão inevitavelmente incompletas. Como roteiristas, tendemos a moldar nossas narrativas internas de maneiras que se concentram em nós mesmos e de maneiras que não são necessariamente precisas.

Adam Smith estava ciente de que a forma como nos vemos nem sempre corresponde a como realmente somos:

> Ele é um cirurgião ousado, dizem eles, cuja mão não treme quando ele realiza uma operação em sua própria pessoa; e muitas vezes é igualmente ousado aquele que não hesita em retirar o misterioso véu da autoilusão, que cobre de sua visão as deformidades de sua própria conduta.

Como autores de nossas próprias narrativas, muitas vezes lutamos para ver a verdade sobre o personagem principal. O "misterioso véu da autoilusão" é difícil de levantar.

Antigamente, as pessoas presumivelmente se viam como as autoras de seus próprios romances. Nós, os modernos, somos mais cinematográficos. Então, da minha perspectiva, minha história de vida é algo como o filme *O Show de Truman*, comigo no papel principal. Com muito menos espectadores. Bem, na verdade, apenas um espectador. Eu. Sou o personagem principal e sou, praticamente, o único que vê a história dessa maneira, mas na maioria das vezes, eu nem percebo. Estou muito ocupado pensando no roteiro e nos episódios que vieram antes e nos que ainda estão por vir se a série for renovada.

Há uma maneira diferente de pensar sobre nossas vidas. Não a parte de contar histórias, que é praticamente conectada ao lado da parte egocêntrica, mas a parte do personagem principal. Inevitavelmente, se você se vê como o personagem principal de seu próprio reality show, e as pessoas ao seu redor como parte do elenco de apoio, você perde uma grande parte da vida e quem você pode ser enquanto a experimenta.

Nosso impulso natural de nos vermos como o personagem principal inevitavelmente atribui papéis menos importantes àqueles ao nosso redor. Imagine uma produção do ensino médio de *My Fair Lady*. O diretor do musical foi para o ensino médio com Benedict Cumberbatch e de alguma forma o convence a interpretar o pai de Eliza Doolittle, Alfred, o lixeiro.

Alfred não é a estrela do musical. Mas ele consegue duas ótimas músicas — *With a Little Bit of Luck* e *Get Me to the Church on Time* — e algumas falas maravilhosas. Coloque Benedict Cumberbatch nesse papel com um monte de alunos do ensino médio e será inesquecível para a maioria deles. E Benedict tiraria algumas boas histórias disso para seu próprio roteiro: "Deixe-me contar sobre a vez em que fiz esse favor para um velho amigo meu de Harrow ..."

Como você descreveria a relação entre Benedict Cumberbatch e um bando de garotos inevitavelmente comovidos e maravilhados por ter um ator e celebridade de verdade na sua peça? Distante, é a resposta simples. Eles simplesmente não são comparáveis. E por isso não podem realmente ter uma relação. Eles assim o fazem em alguma dimensão, é claro. Todos estão no mesmo espetáculo, afinal, e compartilham cenas juntos. E há até alguma conversa fora do palco. Mas as pessoas ali não interagem de maneira significativa. Há um abismo muito grande entre a estrela e o resto do elenco. Cumberbatch pode realmente compartilhar algo de seu eu essencial quando está no palco ou mesmo fora dele? Isso é difícil de imaginar. Quão autêntico ele pode realmente ser entre um bando de estudantes do ensino médio?

Acho que, até certo ponto, esse é o *reductio ad absurdum* do que fazemos quando nos colocamos como o personagem principal da história de nossas vidas. Relacionamo-nos com outras pessoas, mas não em pé de igualdade. Se eu não tomar cuidado, é mais sobre como me sinto do que sobre o que você sente; é sobre como suas ações me afetam e não o contrário. E mesmo quando meu papel é apenas uma voz no refrão, inevitavelmente faço parecer maior do que realmente é. Eu inevitavelmente me levo um pouco a sério demais. Inevitavelmente subestimo seu papel e acho difícil lembrar que você também tem emoções e dramas em sua própria vida além da minha. É difícil não fazer pose, exibir-me e dizer meu punhado de falas um pouco mais alto do que deveria.

Ver-se como o personagem principal não lhe torna um narcisista. Se você é humilde e tímido, geralmente ainda é o personagem principal de uma minissérie em desenvolvimento. É apenas uma minissérie sobre os desafios enfrentados por uma pessoa humilde e tímida. Mesmo os mais humildes e tímidos entre nós tendem a se concentrar na inevitável centralidade de nossas próprias experiências e nossas memórias distorcidas e imperfeitas de nosso passado.

Aqui está uma maneira diferente de atravessar a vida.

Para chegar à alternativa, pense em um elenco para uma comédia ou série. Em uma série como *Friends*, não há estrela, nem personagem principal. Há apenas um monte de pessoas entrando e saindo da vida umas das outras. A série pode se chamar *Seinfeld*, mas ele não é o personagem principal. Há quatro protagonistas. O show é sobre seus relacionamentos, não apenas o arco narrativo da vida de Jerry. Ou pense no filme *Simplesmente Amor*. Um elenco repleto de estrelas, mas ninguém é o principal. É uma história sobre amor e conexão, não as aventuras de um protagonista central.

Ou imagine sair em uma pista de dança com seu parceiro. Qual é a sua atitude em relação à dança? Talvez seja aproveitar o máximo possível da experiência para sua própria satisfação. Seu objetivo pode ser atrair a atenção para si e impressionar as pessoas com suas habilidades, para ganhar aplausos e respeito. Você pode pensar na pista de dança majoritariamente como um local de competição onde seu objetivo é ofuscar os outros dançarinos e subir no ranking. Muitas pessoas dançam pela vida dessa forma e essa não é a pior atitude, desde que você não tente enganar os outros competidores.

Por outro lado, é possível optar por sublimar seu próprio status ou a capacidade de se expressar na esperança de fazer seu parceiro brilhar, ou melhorar a experiência de todos os dançarinos na pista. Há a possibilidade de se concentrar em fazer parte de algo maior do que você, bailando perto e ao redor dos outros dançarinos de maneiras inesperadas e deliciosas.

Ao agir com tato na pista de dança e se comportar adequadamente, mantendo os outros — seu parceiro e os outros casais — em mente, tem a opção de pensar na experiência antes, durante e depois. Você pode se orgulhar de seu comportamento altruísta ou pode se ver de uma maneira mais holística, como parte de algo maior que você, uma experiência mais completa e conectada.

Temos uma escolha em como percebemos e enquadramos nossas experiências diárias. Uma escolha é nos vermos como fundamentalmente isolados, heroicos e existencialmente solitários. A outra, é nos vermos conectados e pertencentes a algo, com esse pertencimento no centro da experiência. A forma como enquadramos o antes, o durante e o depois de nossas experiências muda a forma como nossas experiências diárias se tornam parte de nós.

Como você viveria de forma diferente se visse a si como parte de um conjunto em vez do personagem principal? Como essa ideia funcionaria na prática?

Suponha que estou encontrando alguém para tomar um café, alguém que não vejo há algum tempo. Olhando para a conversa, catalogo algumas histórias que espero compartilhar — talvez uma experiência engraçada que tive ou um sucesso recente. Durante a conversa, passo muito tempo pensando sobre o que vou dizer a seguir e para ter certeza de que vou expor meus pontos de vista. Esse é particularmente provável que seja meu foco se for uma conversa profissional em vez de um bate-papo com um amigo. Como posso causar uma boa impressão? O que posso fazer para que essa pessoa faça algo por mim?

Mas mesmo quando estou com um amigo, posso usá-lo de maneira direta e indireta para meus próprios objetivos. Depois que a conversa termina, posso saborear ter contado as histórias que queria contar e me parabenizar por ter sido engraçado ou eloquente. Essa perspectiva é egocêntrica, mesmo que eu seja gentil o suficiente para dividir o tempo de tela pela metade e deixar meu parceiro de conversa falar tanto quanto eu.

Uma maneira diferente de experimentar essa conversa é pensar nela não como monólogos alternados, mas como uma conversa de verdade, uma experiência emergente que segue em direções inesperadas e não planejadas. Posso pensar nisso mais como uma improvisação, que é uma arte orgânica, do que uma conversa pré-fabricada e roteirizada.

Claro, ao conversar com um amigo, posso ter algo para compartilhar que aconteceu comigo recentemente e é importante. Mas eu não quero focar nisso com a exclusão do resto da experiência. Não entre na conversa com um itinerário. É melhor descobrir o que você quer dizer através do processo de conversa e não de um roteiro pré-planejado.

Em vez de saborear seu brilhantismo de conversação, saboreie a experiência de interagir com outro ser humano. Veja o que acontece sem expectativa durante esse encontro e sem um plano para conduzi-lo em direções específicas. Dê ao seu parceiro de conversa toda a atenção sem pensar no que dirá a seguir.

Antes de ver seus amigos e familiares como objetos para servir aos seus objetivos e aumentar sua utilidade, enxergue-os como parceiros com os quais você se compromete, sem um cronograma sobre o que pode surgir da interação. Veja a chance de interagir mais como uma exploração e aventura do que um drama roteirizado. Permita a outro ser humano a chance de abrir seu coração. Isso pode se tornar um drama muito mais significativo do que aquele em que você é o personagem principal, mesmo que isso signifique abrir mão do controle do processo.

De certa forma, tudo isso é apenas um clichê óbvio — amigos e familiares dão sentido à vida. Portanto, trate-os bem. Nós todos sabemos disso. Mas, se sabemos disso, por que olhamos para o telefone no meio de uma conversa com um de nossos filhos quando recebemos uma notificação ou um alerta? Por que olhamos por cima do ombro da pessoa com quem estamos conversando em uma festa para ver se há alguém mais interessante, ou pior, alguém mais útil para nós na conquista de algum objetivo? Por que muitas vezes deixamos de reservar tempo suficiente para fazer coisas com nossos amigos que não nos trazem nenhum benefício imediato? Por que deixamos os amigos se afastarem e perdemos a chance de nos mantermos conectados? Por que verificamos o identificador de chamadas e decidimos ignorar a chamada? Dizemos a nós mesmos: "É um parente, ele vai entender!"

Mas, acima de tudo, por que cedemos ao nosso impulso natural e nos vemos como o personagem principal? Se pudermos ver nossa vida ao lado de amigos, familiares e colegas mais como um conjunto do qual temos a sorte de fazer parte, vamos tratá-los melhor e até nos tratar melhor. "Melhor" não é realmente a palavra certa. A vida diária terá uma textura diferente — mais rica e satisfatória.

Em *The Master and His Emissary* [O Mestre e Seu Mensageiro, em tradução livre], o psiquiatra Iain McGilchrist argumenta que o lado esquerdo e o lado direito do cérebro prestam atenção e processam a experiência de maneiras diferentes. Aqui está a forma como ele descreve a diferença em sua entrevista no meu *podcast, EconTalk*.

O hemisfério esquerdo é bom para nos ajudar a manipular o mundo, mas não é bom para nos ajudar a entendê-lo. Ele usa um pouco aqui, depois um pouco ali, e então aquele pouco lá. Mas o hemisfério direito tem uma espécie de atenção sustentada, ampla e vigilante, em vez dessa atenção restrita, focada e fragmentada. E sustenta um sentido de ser, um ser contínuo, no mundo. Então, esses são tipos muito diferentes de atenção.

Ele continua dizendo que o lado direito do cérebro é sobre conexão e intermediação — a relação entre coisas que interagem juntas. Ele vê a imagem inteira em vez da parte mais restrita. Claro que precisamos de ambas as partes do cérebro. Mas trabalhe para fortalecer a parte que se sente conectada, a que anseia por conexão. Essa é a área que está nas sombras, a que é difícil de lembrar.

O rabino Jonathan Sacks escreveu muitas vezes sobre a diferença entre um contrato e uma aliança. Com um contrato, é tudo sobre o que está nele para mim. Em uma relação contratual, você mantém a pontuação. Você se preocupa em ser explorado. Isso contribui para um casamento ruim e uma amizade péssima.

Uma aliança, por outro lado, é uma promessa. Uma aliança diz: "estamos juntos." Por causa do compromisso por trás de um convênio, você pode permitir que suas interações com outra pessoa sejam livres de garantir que você receba sua "parte justa".

Você pode aproveitar o passeio. Você mantém compromissos não por medo de que a outra pessoa o explore, mas porque quer ser o tipo de pessoa com quem se pode contar em termos de compromissos. Sacks disse que o casamento transforma o amor em lealdade. Esse compromisso leva ambas as partes além dos ganhos pessoais.

Com um contrato, é fácil sentir que as outras pessoas não estão cumprindo seus compromissos no nível esperado. Com um contrato, é possível imaginar facilmente a não renovação quando o documento expirar. É apenas uma transação e talvez você possa encontrar um negócio melhor em outro lugar. Mas com uma aliança, seus amigos e familiares não são objetos para você explorar e obter mais ganhos. Eles são parceiros em sua jornada pela vida.

Em vez de se perguntar e se preocupar se está obtendo o suficiente do relacionamento, aproveite a experiência compartilhada. Tendo muita sorte ou trabalhando muito duro, você privilegia o princípio da aliança o suficiente para que os sacrifícios não sejam mais sacrificantes. Talvez esse seja o primeiro sentimento. Mas você pode construir um hábito de parceria e transformar um sacrifício em um hábito satisfatório. Ao reformular como vemos nossas próprias vidas — menos como a história de uma figura heroica e mais como um conjunto — podemos ser melhores amigos, cônjuges e mais plenamente humanos.

É surpreendentemente difícil de fazer. Mas trabalhar nisso o libera da atração do eu. Sugiro algumas formas de aperfeiçoamento no próximo capítulo. Parte do que a mentalidade de conjunto faz é ajudá-lo a se superar. Isso o torna menor, no bom sentido. Seu ego encolhe em escala. Você não é o centro do universo ou o herói de um grande conjunto de histórias contadas por você sobre si ou mesmo a estrela do show. Ao se ver como parte de um conjunto, o sentimento de indignação com coisas que antes pareciam injustas diminui junto ao reconhecimento de como isso é sem importância.

No coral da vida, não seja uma diva. Abaixe a voz e se divirta com a harmonia. Na pista de dança da vida, abra espaço para os outros dançarinos e deixe seu parceiro brilhar. Tente estar ciente de seu impulso natural de perguntar o que há para mim e abra espaço para o que as pessoas ao seu redor precisam para a jornada em que estamos todos juntos.

Uma parte não trivial deste livro é sobre o perigo de se concentrar demais em sua satisfação pessoal. Isso é realmente tão perigoso? Você certamente precisa se cuidar. Estou apenas sugerindo que seus desejos reais são um pouco mais complicados do que parecem à primeira vista. Se tudo o que você faz é se concentrar em si no sentido mais restrito, pode deixar nas sombras algo importante.

Isso é particularmente verdadeiro quando nos deparamos com o problema indomável de um dilema ético que nos força a confrontar quem realmente somos — que princípios ou valores queremos honrar? A que princípios ou valores devemos aspirar e como podemos mantê-los em vez de traí-los? Enfrentar um dilema ético nos obriga a pensar sobre que tipo de pessoa realmente somos e quem podemos ser. No próximo capítulo, verei como um dilema ético pode nos auxiliar a encontrar uma maneira de combater nossos desejos utilitários mais limitados quando estão em tensão com nossos eus mais elevados.

9

Privilegie seus Princípios

Dilemas éticos são problemas indomáveis onde a tensão entre o porco e o filósofo está na frente e no centro. O que parece bom no momento tem consequências que podem comprometer nosso senso de identidade e nos custar de maneiras que persistam ao longo do tempo. O utilitarismo limitado está frequentemente em tensão com algum princípio superior relacionado ao florescimento.

Por exemplo, suponha que você encontre uma carteira no chão, após pegá-la, encontra dentro US$ 200 em dinheiro, junto com uma variedade de cartões de crédito e uma carteira de motorista. Verifica ao redor. A rua está deserta.

Você está sozinho. O que deveria fazer?

Fiz a pergunta da carteira perdida durante um seminário por Zoom para cerca de cem alunos do ensino médio que estudam economia em uma escola particular de elite. A resposta foi quase unânime: os alunos acharam que, de acordo com a economia, é racional ficar com a carteira desde que ninguém a visse sendo pegada. Eles explicaram que você poderia usar o dinheiro para comprar o que quisesse e, portanto, seria melhor. Como ninguém o viu, os alunos não contabilizaram custo em uma perda de reputação ao embolsar o dinheiro ou medo de serem abordados por não tentar encontrar o proprietário. Aos olhos deles, manter a carteira e gastar o dinheiro era desejável, viável e completamente racional no cálculo do economista.

O economista Ariel Rubinstein define uma decisão racional:

1. A pessoa pergunta: "O que é desejável?"

2. A pessoa pergunta: "O que é viável?"

3. A pessoa escolhe a mais desejável dentre as alternativas viáveis.

Isso parece irrepreensível. O que poderia ser mais óbvio? Os alunos certamente concordaram.

A crítica padrão desse modelo de comportamento humano é que somos calculadores falhos — agimos de forma incoerente; somos enganados pela incerteza; temos preconceitos. Este é o mundo da economia comportamental. Mas o problema mais profundo é que, se não tivermos cuidado, quando pensarmos no que é desejável, pensaremos na piscina e na margarita e não tanto em florescer.

Essa é certamente a forma mais limitada de utilitarismo e, infelizmente, alguns economistas encorajam tal pensamento no ensino de economia e em suas pesquisas. Eles confundem o que queremos em nosso próprio interesse limitado com o que devemos fazer. Eles não são a mesma coisa.

Os alunos ignoraram a possibilidade de que, se ajudar alguém lhe dá prazer (e claramente muitas pessoas de fato gostam de ajudar os outros), então devolver a carteira pode ser racional pela definição do economista. O prazer obtido ao agradar o dono da carteira pode ser maior do que a satisfação ao gastar o dinheiro.

E há um terceiro tipo de pessoa — uma pessoa que quer ficar com a carteira, mas devolve-a mesmo assim, porque é a coisa certa a fazer. Essa pessoa acredita que o objetivo da vida não é simplesmente manipular nossa experiência para obter o máximo de prazer sobre a dor. Às vezes você faz a coisa certa simplesmente porque acha que deveria. Mesmo se sentindo miserável ao fazer esse sacrifício, você o faz de qualquer maneira porque aspira a ser um certo tipo de pessoa. Seu desejo é ser uma pessoa honesta.

Se você não nutre sentimentos sobre a coisa certa a fazer, devolver a carteira ou mantê-la não é um problema indomável — você simplesmente tenta medir os ganhos do dinheiro em relação aos custos para sua reputação se for apanhado. Mas se acha ou tem um pressentimento de que devolver a carteira é a coisa certa a fazer, considerações utilitárias limitadas entram em conflito com a forma como você se vê e seu senso de identidade. Como fazer uma escolha nessa situação?

Alguns verões atrás, minha esposa e eu passamos quatro dias em uma pousada em Grand Tetons. No terceiro dia, ela percebeu que havia perdido um dos brincos de diamante que lhe dei como presente de aniversário anos antes. Nós procuramos por todo o quarto. Ligamos para o lugar onde fizemos canoagem naquele dia. Nada. Tentei confortá-la — podemos substituí-lo; não é uma tragédia. Mas eu podia ver que aquilo era custoso para ela.

Na manhã seguinte, tivemos que trocar de quarto — o quarto em que começamos estava disponível apenas na primeira parte de nossa estadia. Saímos para uma longa caminhada. A vista era incrível. Vimos um alce e um urso pardo na montanha do outro lado do rio. Foi um dia longo, exaustivo e gratificante. Quando voltamos para a pousada, fomos para o nosso novo quarto. Ao chegarmos, encontramos um bilhete na mesa de cabeceira: "Encontrei isto no quarto 901. Não sei se é seu. — Teodora."

"Isto" era o brinco de diamante da minha esposa colocado serenamente em cima do bilhete. O quarto 901 era o quarto em que estávamos antes. A governanta havia encontrado o brinco no chão enquanto limpava o lugar. Ela era inteligente o suficiente ou talvez esperançosa o suficiente para perceber que talvez tivesse sido perdido por um hóspede anterior e não por minha esposa. Talvez não nos pertencesse. Talvez Teodora pudesse reivindicá-lo se disséssemos a ela que não o perdemos.

Às vezes imagino Teodora naquela manhã, fazendo seu trabalho. Ela estava gostando? Detestando? Como é, dia após dia, varrer, aspirar, tirar o pó, limpar superfícies com os majestosos Grand Tetons constantemente visíveis e grandes o suficiente para sentir que pode alcançá-los e tocá-los? Talvez o trabalho seja penoso. Ou talvez a limpeza tenha um aspecto meditativo, pois ela se concentra em sua tarefa. Ou talvez sua mente esteja em outro lugar. Ela vê algo brilhar a seus pés e se abaixa para olhar mais de perto. É um pedaço de vidro ou outra coisa?

Qual seu primeiro pensamento ao ver que é um brinco de diamante? Empolgação? Alegria? Tentação? Ela estava sozinha no quarto. Ninguém estava assistindo. Uma pessoa religiosa pode pensar em Deus observando. Mas mesmo que Teodora não acreditasse em Deus, ela sabia que alguém estava, de fato, observando — Teodora. Como ela reagiu à sua descoberta? Que emoções emergiram através dela?

Como teria sido fácil colocar um objeto tão pequeno em seu bolso. Talvez ela até tenha colocado o diamante lá para ver como seria, brincando com a ideia de guardá-lo para si. Talvez tenha continuado com a limpeza, pensando no que fazer. A decisão dela dependia do tamanho do diamante? Existe um *trade-off* entre honestidade e dinheiro? Existe um caso em que a honestidade se torna muito cara pelo que você precisará sacrificar?

Teodora era uma funcionária na temporada de verão vinda de outro país. Um emprego em um resort geralmente não é tão bem remunerado — parte de sua recompensa certamente veio na forma das montanhas que ela gostava de ver todos os dias e das caminhadas nas proximidades que ela poderia desfrutar em seus dias de folga. Ela poderia facilmente ter justificado embolsar o brinco com base no fato de que qualquer hóspede da pousada certamente teria um padrão de vida mais alto que o dela. Ela poderia ter se convencido de que não tínhamos como identificar o diamante e ela poderia facilmente acreditar que tinha vindo de algum hóspede passado e inacessível. Mas ela não fez isso. A mulher escreveu o bilhete e colocou o brinco de diamante em cima dele.

No dia seguinte, minha esposa localizou Teodora, abraçou-a, agradeceu-lhe em lágrimas e lhe deu uma recompensa inesperada que minha esposa e eu lembramos ser US$ 50. Você acha que Teodora devolveu o brinco de diamante porque antecipou o abraço ou a recompensa? Eu acho que não.

Acho que ela devolveu o brinco de diamante porque se via como uma pessoa honesta, o tipo que devolve um objeto perdido independente do valor. Alguém que faz a coisa certa. Se ela tivesse guardado o brinco, Teodora sentiria que cometeu contra si uma traição.

Não falei com ela sobre isso, mas suspeito que o valor do diamante não foi posto em jogo em relação ao seu desejo de fazer a coisa certa e manter seu respeito próprio como uma pessoa honesta. Ela colocou seu senso de identidade em primeiro lugar; não havia trade-off, nenhuma lista de custos e benefícios esperados. Talvez o tamanho do diamante não importasse, ela pretendia fazer a coisa certa.

Como você se sente ao ouvir sobre alguém como Teodora, uma pessoa que faz a coisa certa mesmo pagando um preço? Pensa em Teodora como uma tola por devolver o brinco, enganada pela religião ou pelas lições que seus pais podem ter lhe transmitido? É sensato abrir mão do que poderia ter sido um ganho inesperado muito agradável e passá-lo para uma pessoa muito mais rica? Você respeita ou tem pena de Teodora, que garantiu que um hóspede tivesse férias sem a perda de um objeto sentimental (e valioso)?

Teodora é uma idiota ou uma santa?

Na caixa de ferramentas padrão do economista, a visão utilitarista, Teodora devolveu o diamante porque o prazer que sentia ao fazer o que via como certo era maior para ela do que o valor do diamante. Na visão de mundo do economista, cada pessoa tem seu preço — uma quantia em dinheiro ou outro benefício que estaria disposta a aceitar para violar seus princípios. Esta é uma percepção poderosa que pode nos ajudar a pensar sobre as falhas de nossos semelhantes e nossas próprias falhas.

Esse é certamente o caso em que as pessoas lutam para viver de acordo com seus princípios mesmo quando mantê-los é custoso. Um dos meus resumos favoritos dessa ideia é a expressão "onde você está depende de onde você se senta". Outra versão foi proferida, se não originada, por Upton Sinclair: "É difícil fazer um homem entender algo, quando seu salário depende de sua não compreensão." Com autoconsciência, é perceptível que recompensas e punições monetárias e não monetárias exercem pressão para que você se comporte de determinadas maneiras. Economistas exploram essa realidade ao projetar estruturas de incentivos — subsídios e impostos, por exemplo — que incentivam ou desencorajam certos tipos de comportamento.

Em uma história frequentemente contada, que provavelmente é apócrifa, o dramaturgo britânico George Bernard Shaw pergunta a uma bela mulher em um jantar se ela estaria disposta a ir para casa com ele durante a noite em troca de um milhão de libras esterlinas. Ela admite que pensaria nisso. "OK", ele responde, "que tal dez libras?", "o que você acha que eu sou?" ela pergunta, insultada. "Já estabelecemos isso", ele responde, "estamos apenas falando de preço."

Em minha experiência, ao sugerir que pessoas respondam a incentivos, o que é outra maneira de dizer que levam em consideração as compensações ao fazer escolhas, elas ficam muito zangadas, pois não gostam da ideia de que podem ser compradas por um subsídio ou uma recompensa se for grande o bastante. A maioria das pessoas, de fato, comprará em mais quantidade de algo quando o preço for reduzido ou menos quando ficar mais caro. Então, por que sentir-se ofendido?

Esse sentimento de ofensa acontece porque, como a mulher no jantar com George Bernard Shaw, as pessoas gostam de pensar que seus princípios, seus valores centrais, não estão à venda. Somos mais do que máquinas de calcular que se recalibram quando os preços mudam. Sim, seres humanos reais sacrificarão seus princípios se o preço for justo. Mas a raiva que as pessoas sentem quando confrontadas com a possibilidade de que tal percepção possa se aplicar a elas é compreensível. Não gostamos de pensar que nossa virtude tem um preço. Claro que às vezes isso acontece. Às vezes nos vendemos e por um preço baixo. Mas isso é uma falha, não uma virtude a ser elogiada apenas porque parece ser racional.

Quando se trata de decisões, quando sua essência está em jogo, não considere o custo. Salve seu senso de identidade. Devolva o diamante, não importa o tamanho. Sem *trade-offs*.

A racionalidade, definida de forma restrita, diz para considerar o custo. O ensino de Teodora é mais simples. Faça a coisa certa. Devolva o diamante. Não considere o custo de devolver o diamante, as coisas que você poderia ter desfrutado com o dinheiro se o vendesse.

O conselho de Benjamin Franklin ao tomar uma decisão foi listar os prós e os contras e encontrar itens em ambos os lados que pudessem ser anulados. É apenas uma maneira de descobrir qual solução provavelmente levará à maior satisfação. Mas Teodora nos ensina algo mais simples. Nada anula trair quem você é ou quem você aspira ser. Então você não pode adicionar "perder o autorrespeito" como um dos custos de ficar com o diamante. Bem, até pode, mas seria tolice já que esse é o único fator que nada mais anula.

Quando Darwin rejeitou o cálculo de seus prós e contras e escreveu "Casar—Casar—Casar", ele estava reconhecendo que a decisão de se tornar um marido é mais do que apenas os prazeres do dia a dia do matrimônio ou paternidade. Quando Persi Diaconis fala sobre o que estamos "realmente procurando", quando Phoebe Ellsworth escreve sobre o que "realmente queremos", quando Piet Hein, em seu poema, fala sobre o que realmente esperamos, todos eles estão explorando algo diferente de como nos sentimos sobre os custos e benefícios. Eles estão falando sobre quem somos, nossa essência, e não apenas as experiências diárias da vida.

A economia reconhece que pode haver certas coisas que buscamos antes de considerar outras escolhas. Dizemos que tais preferências são "lexicográficas". Então, sim, podemos espremer a priorização de nosso senso de identidade e nossa dignidade dentro do modelo de escolha racional do economista. Mas essa é apenas uma forma de dizer isso está, de fato, fora dos parâmetros.

Podemos imaginar casos em que os custos e benefícios utilitários são tão grandes que chega a um ponto em que o senso de identidade é superado. Se Teodora tivesse um filho que precisasse de uma operação que ela não pudesse pagar, eu poderia imaginá-la guardando o diamante mesmo que se sentisse culpada. Não a julgaríamos com rigor. De qualquer forma, essa é a exceção que confirma a regra — a identidade de Teodora como mãe seria outro princípio em seu núcleo competindo com a honestidade. Ela colocaria qualquer um desses princípios à frente do utilitarismo limitado.

E como eu disse sobre minha decisão de me mudar para Israel para me tornar presidente do Shalem College, se isso significasse viver em uma choupana cheia de ratos e ter uma nutrição inadequada para fazer o trabalho, o fato de parecer um chamado provavelmente não teria sido o suficiente para fazer essa mudança. Mas esses são os casos extremos que facilmente se reconhecem como exceções que confirmam a regra.

A regra é simples: **Privilegie seus princípios.**

Suas decisões definem quem você é. Não faça trocas quando se trata de sua essência. Viva com integridade. Faça a coisa certa e se respeite. Esse deveria ser, ao menos, o ponto de partida. Para Teodora, o princípio era a honestidade. Às vezes, os princípios entram em conflito. Pode haver coisas mais importantes — o amor de uma criança — que podem deixar a honestidade de lado.

Colocar seus princípios acima dos custos e benefícios do dia a dia é mais do que a ética ou a virtude da honestidade que enfrentamos quando encontramos uma carteira perdida ou recebemos uma oportunidade de consultoria altamente lucrativa, mas eticamente questionável. Privilegiar seus princípios é sobre que tipo de pessoa você quer ser e quem pode querer se tornar. Trata-se de visitar um amigo no hospital quando parece que há coisas melhores para fazer. De ouvir aquele amigo que precisa compartilhar algo, mesmo com pressa para executar uma tarefa que você está ansioso para concluir. É sobre votar mesmo com medo da espera na fila.

Há duas virtudes em colocar seus princípios — o que quer que você sinta e o que realmente o define como quem é — acima dos custos e benefícios mais limitados de suas decisões.

A primeira é a virtude da simplicidade. Ter a regra de sempre colocar seus princípios acima dos custos e benefícios de forma mais limitada significa que você gasta menos tempo deliberando e sofrendo. Você tem uma regra. Tenta segui-la. Se esforça para tal, pois a regra é o padrão. Então, a princípio, não há preocupação se respeitá-la ou não é muito custoso neste caso específico. Você apenas a segue.

A regra pode ser: "Eu sou o tipo de pessoa que sempre devolve objetos perdidos aos seus donos." Ou: "Eu sou o tipo de pessoa que visita um amigo quando ele está no hospital." Ou: "Eu sou o tipo de pessoa que vai ao funeral de um amigo, mesmo que isso interfira no meu trabalho." (E quase sempre interferem, não é? E você vai de qualquer forma.)

No caso do casamento, o conjunto de regras pode ser: "Eu sou o tipo de pessoa que é leal ao meu cônjuge." Ou: "Eu sou o tipo de pessoa que não faz piadas sobre meu cônjuge na frente de outras pessoas, mesmo quando são incrivelmente engraçadas." Ou: "Eu sou o tipo de pessoa que não ataca meu cônjuge em público, mesmo quando parece que ele merece, com base em como fui tratada ontem." Às vezes é difícil seguir esses dizeres. Mas eles são o ideal e o que se deve buscar.

Certamente, em muitas situações, as regras são uma camisa de força desnecessária, certo? Não seria melhor tratar cada bifurcação da estrada de forma racional, ponderando todos os custos e benefícios? Certamente manter regras diretas sem exceção significa abrir mão de satisfações que, de outra forma, eu poderia desfrutar.

Para a maioria de nós, esse contraponto não abrange como realmente nos comportamos de acordo com o que acreditamos e queremos realizar.

Sim, as regras são boas porque reduzem o tempo de deliberação e tentativa de medir esses custos e benefícios incômodos e difíceis de avaliar. Mas as regras têm uma vantagem muito mais importante sobre o que parece ser a abordagem racional de ir caso a caso e tentar calcular e ponderar os custos e benefícios de maneira mais detalhada. Elas nos impedem de cometer enganos.

Eu e minha esposa atualmente moramos em um apartamento em Jerusalém, no terceiro andar. Há escadas e um elevador para escolher. Quando cheguei, decidi ter uma regra — sempre suba as escadas. Passo a maior parte do meu dia na frente de um teclado. Exercício, mesmo um pouco, é bom para mim.

Poderia ter uma regra mais "racional" — suba as escadas a menos que eu esteja carregando muitas coisas. Ou suba as escadas, a menos que esteja muito quente. Porque claro que tem dias que são tão quentes, e eu estou carregando tantas compras que é uma bobagem subir as escadas. Para esses casos extremos, os benefícios de saúde futuros imaginados do exercício de subir as escadas são superados pela dor de subir em um dia tão quente com tantas coisas.

Mas eu me conheço. Se, em vez de ter uma regra, cada vez que chego à porta tenho que decidir se vou de elevador ou de escada, muitas vezes encontrarei maneiras de justificar o uso do elevador. Vou racionalizar a decisão sem esforço — dormi mal ontem à noite, então não há problema em pegar o elevador desta vez; está um pouco quente hoje, não é? Estou carregando um livro extra na minha mochila — e vou acabar pegando o elevador com mais frequência do que a melhor versão de mim gostaria. Meu eu inferior, aquele que sou e não aquele que quero ser, encontrará uma maneira de justificar evitar as escadas.

Benjamin Franklin entendeu isso bem. Ele escreveu em seu livro *Autobiografia*: "Uma coisa muito conveniente é ser uma *criatura razoável*, pois permite encontrar ou criar uma razão para tudo o que se deseja fazer." Portanto, use regras. Quando o utilitarismo limitado entra em conflito com o florescimento, lembre-se de que a piscina é o que você conhece e ela é sedutora. Trabalhe duro para lembrar quais são seus princípios e privilegie-os — coloque-os em primeiro lugar, a menos que você tenha uma forte razão para não fazê-lo.

As regras são úteis para manter quem somos, nosso senso de identidade. Mas eles provavelmente são ainda mais importantes para nos ajudar a nos tornar quem queremos ser. Você pode não ter nenhum princípio para privilegiar, mas talvez possa adquirir alguns.

A definição de Rubinstein (e do economista tradicional) diz que uma escolha racional pressupõe serem fixos os nossos desejos — o que é chamado de "preferências estáveis", em economia. Mas, como aponta o filósofo Harry Frankfurt, nós, seres humanos, somos os únicos animais que têm desejos sobre nossos desejos. Então, se você não tem consciência e ninguém está lhe observando, ficar com a carteira é racional. Mas talvez você tenha vergonha desse sentimento. Talvez, por gostar de contribuir com sua comunidade em vez de explorá-la, você aspire ter consciência.

Como Agnes Callard escreve em seu livro *Aspiration* [*Aspiração*, em tradução livre], a vida não é apenas sobre quem somos, mas sobre quem aspiramos ser. Neste momento, posso não gostar de ópera. Mas eu poderia aspirar apreciá-la. Mas a aspiração é mais do que nossos gostos por comida exótica ou aprender a amar ópera. Posso aspirar ser uma pessoa melhor do que sou agora. Eu poderia aspirar ser um amigo mais confiável. Um pai melhor. Um cônjuge ou parceiro mais amoroso. Uma pessoa mais gentil e paciente quando interajo com estranhos. Mais honrado. Podemos escolher esses caminhos ou pelo menos procurar desvendá-los se os acharmos dignos.

Os economistas já viram os seres humanos como mais do que apenas máquinas maximizadoras que levam em conta apenas custos e benefícios. Frank Knight, um economista de Chicago da primeira metade do século XX, disse que a criatura humana é um "ser que aspira e não deseja". Seu estudante e ganhador do Nobel de Economia, James Buchanan, comparou o ser humano natural com o que ele chamou de "homem artificial", pessoas que se fabricam. Buchanan, falando da aspiração humana, escreveu: "O homem quer a liberdade para se tornar o homem que ele quer se tornar." Estamos em processo de nos tornarmos. Portanto, pense um pouco sobre o que você deseja desejar.

Se você não tem consciência, como consegue uma? Você pode desejar se sentir mal por ficar com a carteira, mas se não se sentir mal — e agora?

Max Beerbohm, um escritor da virada do século XX, sugere um caminho a seguir em sua história, *O Hipócrita Feliz*. Um homem perverso, um hedonista sem vergonha, chamado George Hell (hell = inferno, em português), apaixona-se perdidamente por uma mulher virtuosa e bela, Jenny Mere. Ele propõe casamento, mas ela explica que nunca poderia amar ninguém além de alguém com semblante de um santo. Hell está sem sorte nessa situação. Então ele paga a um fabricante de máscaras mágicas por uma máscara realista que o fará parecer santo e amoroso.

Usando a máscara, ele persegue a mulher e ganha seu coração e sua mão. Quando eles vão oficializar o casamento, Hell sofre com seu engano — ele se vê como um trapaceiro desonesto. Ele decide se dar um novo nome e escreve George Heaven (Céu, em português) na certidão de casamento.

Sob o feitiço do amor e arrependido de seu passado, Inferno, agora Céu, decide expiar. Ele desiste de seus maus caminhos. Um mês depois do casamento, a amante abandonada de Hell — uma mulher conhecida como La Gambogi — planeja vingança. Ela sabe sobre a máscara e a verdadeira essência do homem que está sob ela. Na frente de sua nova esposa, La Gambogi arranca a máscara do rosto de George Heaven, expondo o inferno que ele realmente é.

Como leitores, sabemos o que vai acontecer. A boa mulher será confrontada com o verdadeiro rosto de George Hell, o rosto de um homem voraz, um perseguidor de prazer, um homem sem virtude. Um pecador e não o santo que parece ser, George Hell será revelado como um hipócrita. A esposa recuará horrorizada. O casamento deles vai desmoronar.

Mas Beerbohm nos surpreende. Uma vez que a máscara foi removida, La Gambogi descobre, assim como George e sua nova esposa, que o rosto sob a máscara agora combina com o que a máscara exibia ao mundo — o semblante de um santo. O homem interior agora combina com exterior. Inferno se tornou Céu. Ele não precisa mais de uma máscara. Deixada de lado, a máscara mágica feita de cera derrete ao sol.

E assim termina a história. Qual é a lição?

George Hell é o equivalente moral de um vampiro. Ele quer se tornar um antivampiro, George Heaven. Ele deseja ter desejos diferentes do que ele já teve. Como isso é possível? A resposta é a prática. Através do amor e do comportamento alterado, Hell faz mais do que mudar quem ele parece ser. Ele muda quem ele realmente é.

Para chegar onde quer, ele usa a máscara. Geralmente não gostamos de hipocrisia — a traição de princípios — mas Beerbohm a considera uma virtude. Ao fingir ser bom e seguir os movimentos, George Hell se transforma. Ele repara sua hipocrisia, não removendo a máscara, mas removendo suas falhas. E ele se torna uma pessoa melhor agindo contra seus princípios fundamentais como um hedonista sem vergonha. Ele engana sua noiva, mas ao fazê-lo, realizando as ações de uma boa pessoa, se torna essa pessoa. Seu antigo eu se derrete da mesma forma que sua máscara ao sol. E sua hipocrisia também. Com as ações de bondade, seu eu interior e seu eu exterior já não se chocam mais.

A máscara força George Hell a ir contra seu eu limitado e utilitário, a viver de acordo com quem ele aspira ser. Frank Knight escreveu: "Na medida em que o homem é sábio ou bom, seu 'caráter' é adquirido principalmente posando como melhor do que ele é, até que uma parte de sua pretensão se torne um hábito."

A prática pode não levar à perfeição, mas feita corretamente deve aprimorar. Então pratique o que você quer se tornar. É possível alterar suas preferências. O que antes era atraente, pode se tornar desagradável. O que uma vez você achou desagradável pode potencialmente lhe dar prazer se há tentativa e persistência. A bondade é um gosto adquirido. E hábitos são exatamente isso, hábitos. Se você gosta de ser generoso, honesto, menos egocêntrico, o hábito se torna autoimposto, como sugeriu Frank Knight.

Quando apresentei a questão da carteira perdida no início deste capítulo, descrevi três tipos de pessoas: uma sem consciência, e outra com consciência que tem prazer em fazer a coisa certa, também um terceiro tipo — alguém sem consciência que gostaria de desenvolver uma. *O Hipócrita Feliz* sugere que você pode desenvolver essa consciência e, depois disso, transformar-se em uma pessoa que realmente faz a coisa certa por interesse próprio — fazer o bem se torna uma fonte de prazer.

O escritor francês do século XVII La Rochefoucauld escreveu: As virtudes são engolidas pelo interesse próprio como os rios se perdem no mar. O filósofo e economista Dan Klein argumenta que, o que La Rochefoucauld queria dizer, era que há uma maneira de tornar a prática de uma virtude autointeressada. Dessa forma, Teodora gosta de fazer a coisa certa e não vê isso como um sacrifício. Não acredito que sua descoberta e devolução do brinco de diamante tenha sido sua primeira vez quando se tratava de fazer a coisa certa. Seus pais, talvez os amigos que ela escolheu ter por perto, talvez sua religião, cultivavam o hábito da honestidade e da empatia.

No capítulo 6, mencionei a documentarista Penny Lane, que doou um rim a um estranho quando percebeu que os custos para ela eram muito menores do que os benefícios para o destinatário. Falei com Lane sobre sua decisão — não que ela esperasse uma vida inteira dando tapinhas nas costas e se sentindo bem consigo mesma. Era simplesmente que ela achava que o cálculo moral era simples.

Ainda mais interessante foi sua resposta sobre como a experiência a transformou. Assim como carregar um bebê robô, que te acorda várias vezes no meio da noite, não é o mesmo que se tornar pai, eu suspeitava que doar um rim é mais do que um árduo conjunto de testes e cirurgia e sair do hospital com um rim a menos do que quando você foi internado. Como a doação mudou o senso de si mesma de Lane? A resposta dela foi que se você tivesse perguntado antes da doação se ela era generosa, bondosa, altruísta, ela teria dito que não. E agora, ela disse:

"Sinto que sou." Ela acrescentou: "Se você se considera uma pessoa altruísta, você se torna mais generoso e bondoso." Max Beerbohm ficaria orgulhoso.

Há uma história muito repetida na internet, geralmente contada sobre um ancião nativo americano. Aqui está a versão de Eliot Rosen extraída de seu livro, *Experiencing the Soul* [*Experimentando a Alma*, em tradução livre].

> Esse ancião uma vez descreveu suas próprias lutas internas desta maneira: "Dentro de mim existem dois cães. Um dos cães é mau e perverso. O outro é bom. O cão mau luta com o cão bom o tempo todo." Quando perguntado sobre qual cachorro vence, ele refletiu por um momento e respondeu: "Aquele que eu mais alimento."

Na maioria das áreas da vida, especialmente nas importantes, nossos desejos não são estabelecidos da maneira como os economistas costumam pensar. Muitos de nossos desejos estão em conflito. Todos nós temos desejos que queremos satisfazer e, às vezes, eles nos incomodam. Às vezes, desejamos limitar nossos impulsos, seja por comida, sexo, dinheiro ou o aplicativo em seu telefone com o qual você gasta tempo compulsivamente. Temos um cachorro bom e um cachorro mau brigando o tempo todo. Alimente o bom. Alimente-o com bastante frequência e ele vencerá as brigas.

10

Seja como Bill

Uma razão pela qual os problemas indomáveis são tão desagradáveis é que o futuro nos é oculto. Como ansiamos por controle e certeza, nosso impulso natural é tentar iluminar a escuridão com mais informações e melhores estratégias para lidar com problemas indomáveis. Isso é perda de tempo, uma ilusão. É melhor tentar se acostumar com a escuridão.

Isso soa bem, mas sejamos honestos: a maioria de nós não é um morcego. Não gostamos da escuridão. Dizer a um ser humano para se acostumar, vai contra a nossa natureza. A certeza nos alegra; a incerteza nos deixa ansiosos. Dizer a si racionalmente que o futuro é incognoscível não ajuda muito. Esse buraco no estômago não desaparece, mesmo que sua mente diga que é irracional temer o futuro. Sua mente é particularmente falha em controlar o que seu estômago está afirmando.

Neste capítulo e no próximo, apresento duas metaestratégias para lidar com a incerteza do futuro e o desafio dos problemas indomáveis. A primeira vem de uma fonte improvável, Bill Belichick, treinador do time de futebol americano New England Patriots. Belichick ganhou seis anéis do Super Bowl como treinador principal. Ele é amplamente considerado um gênio, um mentor, o Einstein da NFL. Ironicamente, ser como Bill significa encontrar uma maneira de lidar com o pouco que você sabe.

Todos os anos no NFL Draft, os times escolhem jogadores universitários na ordem inversa de como os times terminaram na temporada anterior. Belichick e seu time, como todos da NFL, passam centenas de horas se preparando. Os times têm dados extensos sobre centenas de jogadores. Eles conduzem entrevistas pessoais com dezenas de seus principais clientes em potencial. Eles assistem a centenas, senão milhares, de horas de vídeos que mostram as performances dos jogadores na faculdade. Os Patriots, como todos os times da NFL, usam essa mistura de informações qualitativas e quantitativas para classificar os candidatos e fazer suas escolhas de *draft* de acordo.

Esse sistema é tão complicado e importante para o futuro do time que qualquer vídeo das salas de guerra dos Patriots desfoca os quadros brancos ao fundo para que os competidores não tenham ideia do sistema que os Patriots usam para fazer suas escolhas.

Mas aqui está o fato engraçado. Os Patriots não acreditam que seu sistema é, de fato, um indicador confiável. Eles sabem que seu conhecimento sobre a viabilidade futura dos atuais jogadores universitários é indefinido, vago e indeterminado. Sabemos disso porque Belichick é famoso por sua ânsia de trocar uma única escolha de *draft* da rodada anterior por várias em rodadas posteriores. Ele parece valorizar a quantidade sobre a qualidade e raramente desiste de várias escolhas em seu *draft* para optar por um jogador em particular — ele sabe que não importa a quantidade de sinais apontando o sucesso de um jogador na NFL, muita incerteza cerca qualquer indivíduo.

Então, o que Belichick faz é se preocupar menos em conseguir o jogador certo em qualquer escolha. Em vez disso, ele opta por tentar por quantidade. Isso parece impossível — cada time recebe o mesmo número de opções para o *draft*. Mas os Patriots costumam ter maior número de escolhas por conta da disposição de Bill na troca de uma única aposta alta no *draft* por várias em rodadas posteriores. Uma vez que os escolhidos chegam ao campo de treinamento, Belichick obtém muito mais informações em particular, informações que ele não consegue em vídeos, conversando com treinadores universitários ou dados coletados no *NFL Scouting Combine*, o árduo conjunto de testes de velocidade, agilidade, força e inteligência.

A pré-temporada permite que Belichick descubra não apenas se um jogador é habilidoso, mas como essas habilidades se encaixam no sistema dos Patriots. Ele descobre como a personalidade do jogador (que é impossível de observar à distância) se encaixa com a de outros no time e quais as expectativas dos Patriots. Alguém pode se sentir tentado a supor que um jogador é realmente bom ou verdadeiramente ruim. Mas os Patriots costumam ter uma criação forte de jogadores não alcançada por outros times. Alguns chegam a ter bom desempenho em outros lugares, mas jogam mal no sistema dos Patriots.

Belichick sabe que apenas uma fração dos jogadores escolhidos por ele vai prosperar em seu sistema. Assim como entende que é difícil saber de antemão quais jogadores vão se sair bem. Então, ao invés de focar toda sua energia em tomar melhores decisões no dia do Draft, ele aumenta o denominador, o número total de escolhas. Belichick abraça sua ignorância. Ele entende que não tem um guia para Roma. E aprende à medida que avança.

Os jogadores que não se encaixam são cortados. Belichick não parece se importar se as apostas foram altas ou baixas. Ele também contrata muitos jogadores após o *draft* — os contratos para os não selecionados são particularmente baratos. E nos últimos dezoito anos, um agente livre não selecionado, e às vezes mais de um, faz parte do time.

O que podemos aprender com Bill Belichick?

Além da desvalorização de um jogador na posição de *long snapper* de primeira linha, a história do lacrosse na Academia Naval dos Estados Unidos e a desvalorização de jogadores que podem jogar em várias posições (todas as coisas pelas quais Bill Belichick é obcecado e uma autoridade mundial, entre um grupo muito pequeno de devotos igualmente interessados), podemos aprender pelo menos quatro lições de Bill que vão além dos esportes.

1. A opcionalidade é poderosa.

A opcionalidade é quando se tem a liberdade de fazer algo, mas não a obrigação. Pense no Zappos. Zappos é um site de venda de calçados com frete e devoluções grátis. Todos nós entendemos o prazer de não ter que pagar por frete ou devoluções. Não é exatamente grátis — significa que os preços provavelmente serão um pouco mais altos do que poderiam ser. Em troca (desculpe!), você recebe opcionalidade, a capacidade de mudar de ideia depois de ver os sapatos de perto e usá-los pela casa. Eles podem parecer confortáveis. Eles podem ter uma classificação de 4.97 de 5 pontos com milhares de críticas positivas. Mas até que você os coloque, não há como saber se serão confortáveis. Ser capaz de devolvê-los gratuitamente (e com um nível relativamente baixo de problemas) lhe oferece uma opção. Você compra os sapatos sem obrigação de mantê-los.

A opcionalidade não significa apenas menor custo de um erro pela falta de obrigatoriedade no pagamento do frete. Deve mudar todo o seu processo de compras. Compre mais sapatos (supondo que você tenha um cartão de crédito que não esteja esgotado). Não se preocupe se eles são a escolha certa. Não perca tempo tentando obter mais informações sobre se os compradores que gostaram do produto são como você (as pessoas com pés estreitos gostam desses sapatos?) ou se os comentários da Zappos são confiáveis.

Compre mais, preocupe-se menos. Acho que Belichick gosta da Zappos porque devoluções e frete grátis se encaixam em sua filosofia de *draft*. Como ele sabe que pode cortar um jogador que não se encaixa sem um compromisso a longo prazo, ele recruta mais jogadores em vez de tentar descobrir com antecedência quem são os melhores. Ele dorme melhor durante o *draft* porque sabe que tem algo como a lei dos grandes números trabalhando a seu favor — com uma classe grande o suficiente de novatos, alguns deles funcionarão quando testados na pré-temporada.

Inevitavelmente, Belichick (e todos os outros cérebros da NFL que enfrentam a incerteza do *draft*) negligencia a escolha de jogadores que estão disponíveis apenas para descobrir nos próximos anos que ele perdeu um superstar. Suspeito que, em algum grau, haja uma tentativa de descobrir o que ele poderia ter visto que teria identificado esses jogadores no momento do *draft*. Mas também suspeito que ele saiba que muito do que torna esses jogadores ótimos simplesmente não pode ser visto com antecedência. Tenho certeza de que ele tenta melhorar sua análise de *draft* a cada ano. Mas há uma incerteza fundamental em torno do processo. Em vez de tentar aperfeiçoar sua análise de *draft*, ele busca estratégias para lidar com a inevitável incerteza. Ele passa mais tempo se acostumando com a escuridão e menos tempo procurando expandir a luz.

A essência da opcionalidade é apreciar que você não pode saber antecipadamente o que funcionará. É a mesma ideia por trás do capital de risco. Mesmo os melhores capitalistas de risco falham sete vezes em dez. Uma vez em cada dez eles podem atingir o que é chamado de unicórnio — uma empresa que acaba por ter uma avaliação de um bilhão de dólares ou mais. Por que eles não podem descobrir quais são os unicórnios com antecedência e simplesmente investir? Eles não conseguem. Investimento é um problema indomável. Os investidores de capital de risco se amparam na lei dos grandes números. Eles deixam o mercado decidir qual de seus dez investimentos é um *home run* sabendo que não podem fazer nada melhor do que isso.

Use esta ideia na vida. Tente ter mais experiências do que menos. Tente. Pare de fazer o que não é para você. Abrace as oportunidades que fazem seu coração vibrar. Gaste menos tempo tentando descobrir com antecedência o que pode acontecer e mais tempo se arriscando, desde que você possa optar por sair a um custo baixo o suficiente. Explorar pode ser muito melhor do que um itinerário planejado.

As vantagens da opcionalidade são uma faca de dois gumes para muitos de nós. Temos medo de tomar uma decisão, então queremos mais informações. Para isso, namoramos alguém por um longo tempo, dizendo que fazemos isso apenas para ter certeza de que a pessoa é a certa. Mas também há um argumento para obter mais informações sobre alguém que você não conhece. Namorar muitas pessoas diferentes também fornece mais informações sobre você, sua forma de interagir com um parceiro em potencial e aumenta suas chances de identificar alguém que goste de uma maneira recíproca. Não há uma maneira fácil de lidar com essa troca, mas talvez seja útil estar ciente da realidade de que muitas vezes o atraso na tomada de uma decisão não é simplesmente porque não temos informações. Atrasamos porque não gostamos de fazer isso.

2. Não presuma que o que funciona para os outros funciona para você. Quando puder, experimente os sapatos. Faça um test drive no carro.

Pesquisas perguntando às pessoas sobre seu nível de felicidade podem não se aplicar a você, seus gostos, suas paixões e, mais importante, quem você se torna ao longo do tempo. Experimentar os sapatos diz muito mais do que ler sobre o quão confortável os calçados são. Ver por si só o jogador em prática, em vez de outra pessoa fazer isso, é particularmente valioso. Faça um *test drive* no carro. Nem todo problema indomável é realmente um problema de vampiro, sem esperança de retorno se você se apavorar. Não se assuste com o que está em jogo.

3. Os custos irrecuperáveis são irrecuperáveis.

Belichick não parece ter vergonha de admitir que uma decisão tomada não deu certo. Ele concorda em admitir que o *draft* não é muito científico e mais um jogo de dados. Ele testa o jogador. Se o sapato não servir, ele não se sente compelido a usá-lo porque as pessoas podem perder o respeito por seu julgamento. O oposto acontece — ele deixa para trás um jogador (e não apenas com escolhas de *draft*) pois entende que algumas decisões inevitavelmente acabam de forma diferente do que esperávamos. Somos apenas humanos.

Muitas vezes, em tais situações, diremos, aceitei o trabalho, mas foi um erro. Fiquei noiva, mas foi um erro. Fui para a faculdade de direito, mas foi um erro. Mas nenhuma dessas coisas são erros. Erro é quando você sabe que não gosta de anchovas, mas continua pedindo pizza desse sabor. Errado é confiar em alguém sabendo se tratar de uma pessoa desonrada.

As escolhas de vida diferentes do que esperávamos não são erradas. São apenas opções que resultaram de forma diferente de nossas expectativas. Não devemos chamá-las de erros. Não é certo se culpar por isso. Perdoe-se. Problemas indomáveis que não dão certo não são enganos. Eles são mais como aventuras. As aventuras têm voltas e reviravoltas, altos e baixos. Belichick nos ensina que se você pode embarcar em uma jornada que termina sem grande custo, vá. Se der errado, encurte o trajeto. Se der certo, aproveite. Essa opção é melhor do que tentar descobrir antecipadamente com qualquer precisão quais caminhos são os melhores.

4. A garra e a persistência são superestimadas.

Sim, é uma má ideia parar imediatamente só porque algo é difícil ou um pouco desagradável. Sim, alguns gostos são adquiridos, mas algumas coisas nunca se tornam prazerosas. Se você odiava a faculdade de direito e odeia ser advogado, tente um tipo diferente de direito. Se isso não ajudar, não há vergonha em mudar de carreira. Se você odeia a lei e a deixa em seu passado, não diga que cometeu um erro. Como pode ser um erro quando suas informações estavam tão incompletas? Quando a vida se sair de forma diferente do que foi pensado, ou você for diferente do que pensou que gostaria de ser, mude.

Se você não gosta de ser um vampiro, tire a capa e aproveite o sol. Corte suas perdas e siga em frente. A vida é muito curta para permanecer com o que você descobre não ser para você de forma negligente. Viva. Mude. Seja como Bill.

Aproveite a opcionalidade quando puder. Algumas delas são óbvias — namore antes de se casar. Seja um estagiário antes de ingressar em uma empresa. Contrate um estagiário antes de assumir um compromisso de longo prazo com um funcionário. Visite um lugar antes de se mudar para lá. Não termine todos os livros que começar.

A maioria das decisões na vida não são literalmente problemas de vampiros, onde uma vez feita a escolha, não há como voltar atrás, sem retorno. Se você for para Israel e odiar, pode se mudar para outro lugar. Se você se casar e der errado, pode se divorciar, embora eu ache que o casamento é um exemplo de onde a garra e a persistência podem ser subestimadas — trabalhe para torná-lo melhor até descobrir que não consegue. Se você não se casou e sente falta da conexão humana que um cônjuge traz, existem outras maneiras de encontrar conexão e amizade. Se for para a faculdade de direito e achar que odeia ser advogado, você não está sozinho. Se continuar assim mesmo porque lhe disseram que persistência e determinação são uma virtude, também não é o único. Mas o fato é que há liberdade para mudar de carreira, mesmo quando já se é advogado há algum tempo.

Muito do que torna os problemas indomáveis tão dolorosos é o espectro do arrependimento. Você decide não se casar com alguém e acaba se arrependendo. Ou o contrário — casa-se com alguém e não dá certo. Vai para a faculdade de direito e acaba odiando. O potencial para essas decisões acabarem mal tende a causar medo de tomar qualquer decisão. Dizemos a nós mesmos que precisamos de mais tempo para coletar informações, ignorando que mais informações não vão ajudar — é apenas uma forma de procrastinação.

O rabino Jonathan Sacks disse: "A única maneira de entender o casamento é casando-se. A única maneira de entender se um determinado plano de carreira é adequado para você é realmente experimentá-lo por um longo período. Aqueles que estão à beira de um compromisso, relutantes em tomar uma decisão até que todos os fatos estejam resolvidos, acabarão descobrindo que a vida os deixou de lado. A única maneira de entender um modo de vida é correr o risco de vivê-lo." Todos os fatos nunca estão diante de nós.

Uma maneira de evitar deixar a vida passar por você é parar de se preocupar em cometer um "erro". Não é um erro quando você não pode fazer melhor. Portanto, gaste menos tempo descobrindo a decisão "certa" e mais tempo pensando em como ampliar suas opções e como lidar com a decepção se sua escolha der errado. Acho que Bill Belichick dorme bem na noite seguinte ao *draft* da NFL. E você também pode.

11

Viva como um Artista

William Faulkner uma vez descreveu que escrever um livro como obter "o personagem em sua mente. Uma vez que ele está em sua mente, está certo e é verdadeiro, então ele faz o trabalho sozinho. Tudo o que você precisa fazer é correr atrás dele e escrever o que ele faz e diz". Ao contrário de alguns romancistas, Faulkner afirmava que não sabia como seu livro ia terminar quando começava. Os personagens criados e as situações em que os colocava ganhavam vida própria. Havia um aspecto orgânico no processo que desafiava a maneira usual de pensarmos em um gênio no trabalho, executando um plano brilhante para concretizar sua visão. A visão surge ao lado do trabalho. Não é pré-fabricada.

Algumas pessoas têm a sorte (ou talvez seja uma maldição) de ter uma carreira ou uma vida pré-fabricada. Elas sabem o que querem, ou pelo menos pensam que sabem. Há vontade de serem médicos, digamos. Elas fazem Pré-Med na faculdade, trabalham duro e tiram boas notas, são aceitos em uma faculdade de medicina conceituada, conseguem uma boa residência e passam a vida como médicos. Há muito a ser dito sobre esse tipo de plano centrado. Pode significar uma carreira incrivelmente gratificante, tanto no aspecto financeiro quanto no psicológico.

Mas a maioria de nós não tem uma carreira ou vida pré-fabricada. Não sabemos o que queremos. Encontramo-nos em Roma, com pouca ou nenhuma ideia do que é melhor fazermos. O que queremos, o que gostamos, o que dá sentido às nossas vidas emerge de nossas decisões — isso se dá junto das escolhas e do que aprendemos ao conviver com elas, ajustando o que fazemos de acordo. Não descobrimos nossas predileções estudando a respeito em nossa poltrona, pesquisando em um livro ou consultando especialistas, mas a partir da experiência real do cotidiano. E até que tenhamos essa experiência do dia a dia e que possamos sentir como é assumir uma identidade particular, não temos um objetivo no sentido usual dessa palavra.

Podemos tentar elaborar nossa narrativa da maneira que uma pessoa sabe que quer ser médica e, em seguida, toma todas as medidas para que a trama saia como planejada. Mas para a maioria de nós, o enredo não está totalmente sob nosso controle. A narrativa segue seu próprio curso. Há reviravoltas inesperadas; personagens saem do roteiro e outros aparecem inesperadamente.

Viver como um artista não é uma maneira ruim de pensar em como enfrentar um problema indomável.

Villanelle é uma forma de verso francês que consiste em cinco estrofes de três linhas e uma quadra final, com a primeira e terceira linhas da primeira estrofe repetindo alternadamente nas estrofes seguintes. O poema de Elizabeth Bishop *One Art* [Uma Arte, em tradução livre] é amplamente considerado uma das melhores *villanelles* já escritas. Uma poetisa, Sharon Bryan, argumenta que é uma "malha perfeita de forma e conteúdo" e que se a *villanelle* fosse uma atleta, deveria ter seu número de camisa aposentado porque nada poderia superar a conquista de Bishop.

No entanto, foram necessários dezessete (!) rascunhos para produzir essa perfeição. O poema surgiu através do processo de criação. Uma escritora que atende simplesmente por Beth em seu blog, *Bluedragonfly10*, sugere que o próprio poema exigia de Bishop sua estrutura, principalmente quando, já no rascunho número dois, a linha de abertura: "a arte de perder não é difícil de se dominar", aparece pela primeira vez e se repete, sugerindo que uma *villanelle* pode estar chegando.

> O fato de o poema ter se tornado uma *villanelle* tão cedo em seu surgimento me faz acreditar que um poema tem uma forma que deve ter. Esse poema aspirava ser uma *villanelle*. Um poema acolhe certas formas

e não gosta de outras. Isso significa que um poema tem vida própria, a própria mente, a própria voz, seus próprios gostos e desgostos, assim como uma pessoa. E isso significa que toda arte tem. A arte quer ser criada de forma que acolha em todas as possibilidades de sua existência.

Como pode um poema "querer" algo ou ter vida própria? A poetisa não pode escrever o que quiser? Claro que sim. Mas em algum ponto, o poema está vivo. Certas mudanças não são mais possíveis sem começar do zero. Outras mudanças aparecem por acaso, parecem certas e são mantidas.

Podemos pensar sobre a história de nossa vida dessa maneira?

Podemos pensar em nossas vidas como algo que modelamos com a compreensão de que o resultado não está completamente e, às vezes, dificilmente sob nosso controle?

Pensamos em coisas que não estão sob nosso controle como fora de controle, como um passeio louco em um parque de diversões onde não temos ideia do que está por vir na próxima curva. Mas reconhecer que você não esta no controle não significa que não há controle nenhum ou planejamento zero. Significa apenas confiar na oportunidade de ajustar o plano ou jornada às novas informações aprendidas à medida em que a experiência é vivida. É como uma semana em Roma sem um guia. É como quando você derrapa em uma estrada congelada. Sua reação natural é recuperar o controle do carro e girar o volante de volta para onde você quer ir ou pisar no freio com força. Mas essas ações geralmente pioram a derrapagem. Às vezes, é melhor simplesmente tirar o pé do acelerador e deixar o carro recuperar o equilíbrio por conta própria.

Viver como um artista significa estar aberto à descoberta sobre o mundo e sobre si. Como o educador Lorne Buchman explora em seu livro *Make to Know* [*Faça para Saber*, em tradução livre], poetas, escultores, romancistas e compositores aprendem sobre o que estão criando no processo de elaboração. Eles não começam com um algoritmo, a menos que você considere "remover todo o mármore que não seja Davi" um algoritmo para Michelangelo. Ou "escolha a nota certa que pertença às que vieram antes", como Beethoven parece ter procedido.

Os artistas muitas vezes não têm ideia do que vão criar. Fazem arte para saber o que estão planejando. Buchman cita Picasso: "Para saber o que desenhará, você tem que começar a desenhar." Elizabeth Bishop descobriu o que queria dizer no processo de dizê-lo. Assim é com a vida.

Um aspecto prático de viver como um artista está relacionado com a opcionalidade. Um dos melhores conselhos que já ouvi é a importância de dizer não. Se não for cuidadoso, ficará atolado em muitos compromissos, perdendo tempo com tarefas triviais e não conseguindo alcançar o que mais importa. Você não será capaz de realizar seus planos — estará sempre se desviando.

É também um dos piores conselhos — se você sempre ou muitas vezes diz não, perderá a chance de se conectar com alguém que ficará feliz em conhecer, descobrir algo especial ou, melhor ainda, algo precioso. Você reduzirá a quantidade de acaso em sua vida. Aproveitar a opcionalidade significa dizer sim para coisas que obviamente não valem a pena, mas têm a chance de expandir seus horizontes, experiências e conexões. E, ao fazer isso, você aprenderá não apenas sobre oportunidades, mas sobre si mesmo — o que você gosta e o que acha significativo.

Posso não ser típico. Se você quer ser médico, geralmente precisa de um plano e uma maneira de chegar lá a partir do ponto em que está hoje. Não há problema em ter um plano, talvez seja melhor do que apenas bom. A parte difícil é saber quando desistir, quando as coisas dão errado ou ao descobrir que seu plano não é o certo para você. Isso também é uma arte. Alguns vão te dizer: Nunca desista dos seus sonhos! Persevere! Mas, na verdade, você descobrirá que alguns sonhos são irreais. Alguns sonhos acabam sendo pesadelos dos quais você deve se afastar.

Saber quando ceder ou continuar é uma arte quantificável no pôquer, mas não na vida. É melhor aprender quem você é — seus pontos fortes e limitações — e tomar cada decisão da melhor maneira possível. Aqui está um caso em que ter uma regra — "sempre perseverar" ou "desistir quando ficar muito difícil" — o levará ao erro. Na vida, saber quando perseverar e quando desistir é um ofício a ser cultivado.

A maioria das realizações das quais mais me orgulho vieram de dizer sim a coisas que, à primeira vista, não pareciam se encaixar em quem eu era ou no meu plano pré-existente. Eu não planejava ser um *podcaster* quando obtive meu doutorado — a internet não existia. Quando o cineasta John Papola me enviou um e-mail do nada e disse que queria trabalhar comigo em um projeto porque gostou do meu *podcast*, pensei em fazer algum tipo de vídeo juntos, mas nenhum de nós esperava criar dois vídeos de rap.

Algumas das conversas mais inesquecíveis que tive na minha vida aconteceram quando eu estava lá apenas para ouvir, quando pude me ver como outra coisa que não a estrela da história. Eu não tinha um plano sobre como ou no que eu acrescentaria na conversa, só estava presente quando uma desconhecida me abriu o coração sobre uma tragédia em sua vida. Isso não acontece com frequência, mas é uma habilidade poderosa e preciosa, a capacidade de estar presente sem julgamento.

Em vez de entrar em uma conversa com um plano fundamentalmente transacional — O que posso tirar disso? — a mentalidade de "protagonista da história", aborda as conversas mais como um artista. Evite ter um conjunto de metas. Em vez de planejar guiar a conversa, deixe-a seguir seu próprio curso. As melhores conversas vão em direções inesperadas e terminam em lugares de intimidade, revelação ou conhecimento. A conversa, como uma obra de arte, ganha vida própria. Você abre mão de algum controle e, em troca, o coração se abre.

Viver como um artista não significa nunca planejar ou ficar sentado esperando a vida lhe tirar do sério. Significa apreciar que a forma como você interage com suas experiências tem vida própria.

Todos sabemos que não podemos planejar nossa vida como um turista com os melhores guias de viagens e um itinerário. Se pensarmos dessa maneira, temos que admitir que vivemos em um reino onde os trens não funcionam no horário e às vezes não circulam — um lugar onde os trens fazem paradas não programadas e muitas vezes saem dos trilhos e fazem suas próprias coisas, apesar de nossos melhores esforços.

Mas o ponto não é estar "preparado para ser surpreendido". É claro que os entes queridos morrem, não conseguimos o emprego que pensávamos que seria nosso, nossa proposta é rejeitada. Estranhos se tornam bons amigos. Às vezes, somos bem-sucedidos. A vida é cheia de surpresas — e isso não é novidade. O que estou falando é como podemos enfrentar essas surpresas, contratempos, presentes inesperados, as coisas que caem em nosso colo, e as que nos arrebatam.

Outra forma de pensar a vida como um artista vem do ato de escrever. Teoricamente, é possível elaborar cuidadosamente cada frase e o melhor escritor é aquele que, pacientemente, encontra a palavra certa e tece frase após frase em uma bela teia. Uma vez pensei que era assim que Flaubert escrevia, por exemplo — que seu primeiro rascunho era basicamente o final. Mas não é verdade. Flaubert era um revisor implacável, fazendo rascunho após rascunho até ficar satisfeito.

Quando o autor de ficção científica Orson Scott Card ensina escrita criativa, ele faz com que os alunos deem feedback uns aos outros sobre suas produções iniciais. Mas, em vez de avaliar os alunos com base em suas redações finais, ele os avalia com base na qualidade do feedback que deram a seus colegas de classe. Sua percepção foi que se tornar um grande escritor requer se tornar um grande editor — aprender a revisar é essencial para escrever bem. Isso também vale para a vida. Não se preocupe com o rascunho. Contanto que seja capaz de eliminar excessos do seu texto e tirar proveito da opcionalidade, você florescerá.

A última maneira de explorar a ideia de viver como um artista é se ver como uma obra de arte, o *homem artificial* do economista James Buchanan do capítulo 9, a ideia de se ver como um artefato. Imagine viver como um artista onde você e sua vida são a arte. O que isso significaria? Significaria que você se vê como o barro a ser moldado, o mármore a ser esculpido. Significa ver a si e sua vida como uma obra em andamento.

A vida é como um livro escrito e lido ao mesmo tempo. Você pode ter um plano de como vai acontecer. Mas para que seja um grande livro, precisa ser saboreado, mastigado e digerido ao longo do caminho, como um livro lido que muda sua vida. Também é preciso se preparar para uma reviravolta na história, talvez até duas ou três.

É possível crer na possibilidade de escrever um livro, um poema ou sua vida e fazê-lo sair da maneira que planeja. Você pode até produzir o script e executar esse plano. Mas a lição da primeira metade dessa obra é que o livro em que você quer morar quando for adolescente ou na casa dos vinte pode não ser a melhor opção ao envelhecer. Você precisa deixar a história seguir seu próprio curso.

Essa perspectiva requer um nível de autoconsciência que geralmente vem com a idade e a experiência. Requer um nível de aspiração sobre o qual escrevi anteriormente — de pensar no que você quer se tornar, pelo menos em geral, mesmo que não conheça a forma ou o contorno preciso do que está buscando. Pode ser simplesmente "melhor" — ser uma pessoa melhor este ano do que no ano passado.

O artista vem ao mundo com um conjunto de habilidades. Todos nós viemos. Como devemos usá-las? O que devemos moldar a partir dessas habilidades? Como podemos aprimorar essas capacidades para fazer uma arte ainda melhor a partir de nossas vidas? Como pegamos o solo em que nos encontramos no começo e o transformamos para torná-lo algo belo, uma obra de arte?

O filme *A Festa de Babette* é a história de uma artista improvável — uma empregada de uma dupla de irmãs solteiras que lutam para manter vivo o legado de seu pai em uma pequena comunidade religiosa em declínio. Babette, a empregada, tem uma sorte inesperada e decide dar a seus patrões e seu escasso rebanho uma noite inesquecível — uma refeição de arte e artesanato extraordinários. Um dos personagens, depois de experimentar as criações de Babette, comenta: "Por todo o mundo há um longo clamor do coração do artista — permita-me fazer o meu melhor." Não é uma forma ruim de pensar na vida e no que nossos corações desejam nos dizer. Temos habilidades: algumas nos são dadas, outras ganhamos com esforço. Devemos usar ao máximo esses dons e o precioso tempo que nos é concedido.

O desafio é que muitas vezes pensamos que fazer o máximo é correr a toda velocidade em direção a um objetivo. Conta-se a história do rabino Levi Yitzchak, de Berditchev, encontrando um homem correndo freneticamente. "Aonde você está indo com tanta pressa?" O rabino perguntou. "Estou correndo atrás do meu sustento!" O homem respondeu. O rabino, então, disse: "Talvez ele esteja atrás e você está se afastando dele."

Na verdade, existem alguns bons guias para ajudá-lo a planejar sua viagem a Roma. Você pode construir um itinerário apertado e preciso, toda a viagem planejada com antecedência para ver se o que você decide é melhor. Um tipo diferente de turista deixa tempo para ver o que acontece, o que chama a atenção. Há um tenor na rua cantando com todo o seu coração a música *Nessun dorma*, de Puccini. Alguns turistas ficam mais tempo no Vaticano do que esperavam. Eles se demoram naquela ponte sobre o Tibre e tentam imaginar quanto tempo as pessoas ficaram naquele local.

Viver bem é uma mistura de ambas as abordagens. Isso é óbvio, mas, por alguma razão, pensamos no turista que planejou toda a viagem de maneira racional e no turista que separa o tempo para "nada", o *flâneur* apenas apreciando a cidade, como se estivesse "sem rumo". Às vezes, ficar sem rumo o ajuda a descobrir o que almejar.

Às vezes, é melhor sentar, esperar, assistir e ver o que acontece. Às vezes, fazer o máximo significa apenas esperar. Mas não é esperar de braços cruzados: é esperar com atenção. É sobre prestar atenção. Às vezes, fazer o máximo significa não fazer nada além de estar pronto para o que vem a seguir. Desacelerar pode ajudá-lo a ver o que está a caminho quando o futuro chegar

12

Resumindo

Se você mora em Washington, D.C., e quer dirigir até Chicago o mais rápido possível, não basta consultar o sol ou as estrelas e apontar seu carro para noroeste. Você precisa traçar seu trajeto. Antigamente, isso se fazia com um mapa. Hoje, basta usar o Waze ou o Google Maps para chegar aonde quer.

A essência do Waze ou de qualquer aplicativo de navegação são as direções passo a passo. A alternativa — fazer curvas aleatórias com base na intuição — é o caminho para lugar nenhum. Os dados são o segredo que faz o Waze funcionar: dados sobre o sistema de estradas e suas características, mas também informações sobre o trânsito. Saber a velocidade em diferentes rotas permite que o Waze me ajude a chegar aonde quero mais de maneira mais rápida.

Um cubo mágico tem 43 quintilhões de combinações. Isso é um 43 com dezoito zeros depois dele. Girar um cubo mágico aleatoriamente não é muito provável que leve a uma solução. Você precisa de um plano, um algoritmo — que é apenas uma palavra chique para uma série de ações ou procedimentos que produzem um resultado específico de forma lógica.

É tentador pensar no Waze ou no cubo mágico como uma metáfora para a vida. Se queremos atingir nossos objetivos, precisamos de um plano para chegar lá a partir daqui, um algoritmo, um planejamento baseado nos melhores dados e informações disponíveis. Quanto melhores os dados, melhor o plano, mais podemos alcançar.

Mas isso só funciona para problemas domesticados. Para problemas indomáveis, precisamos de uma abordagem diferente. Precisamos pensar não apenas no melhor caminho, mas, em primeiro lugar, para onde ir. Em vez de ver a vida como uma série de pontos de decisão — onde você maximiza a felicidade ou o bem-estar olhando para o futuro da melhor maneira possível — sugiro que você a veja como uma viagem.

Devo levar companhia — um amante ou um amigo ou amigos — e, em caso positivo, quem devo pedir para vir comigo? Nessa aventura, como devo tratar meus companheiros de viagem? Como posso vivenciar isso se tento encontrar um itinerário que surja da nossa visão compartilhada e não apenas o que me faz mais feliz? Que princípios devo usar e como posso implementá-los na jornada? Como abro espaço para o acaso, o inesperado e a realidade inevitável de que o imprevisto deve ser esperado? Tenho coragem de deixar o caminho emergir e se desdobrar? Eu tenho a coragem de deixar a mim mesmo, minha essência — e como eu vivo e amo também emergiram e se desdobram — como algo orgânico ao invés de mecânico?

Essas perguntas não têm respostas. Não são problemas a serem resolvidos, mas mistérios a serem experimentados, provados e saboreados. Há mais coisas entre o céu e a terra do que você imagina, não apenas em sua filosofia, mas no que você pode esperar no caminho ao longo da vida. A vida não é mapeada pelo Waze. Enquanto isso, você pode continuar trabalhando em si como um artefato que está sendo criado.

Nosso impulso natural é perguntar: o que eu ganho com isso? Eu vou gostar? Vai ser divertido? Em muitas partes da vida, esse não é um ponto de partida ruim. Para problemas indomáveis, procure uma vida bem vivida e o que há nela pode se tornar mais do que você poderia ter planejado ou esperado com antecedência. A felicidade, pelo menos no sentido de coisas divertidas e que lhe fazem se sentir bem, é superestimada. Ela não pode ser reduzida a uma escala numérica de 1 a 5 em resposta a uma pergunta de pesquisa. Almejar não é uma coisa boa para os humanos ou para os formuladores de políticas. Significado, propósito, amor, florescimento, usar nossos dons ao máximo — é isso que nos alegra. Eles nos elevam a algo maior do que nós.

Quando argumento que há partes da vida fora do alcance da ciência ou do método científico, às vezes sou chamado de irracional ou anticientífico. Mas usar a ciência onde ela pertence e não a usar onde ela não pertence é a essência da boa ciência. Reconhecer as suas limitações e aplicações é uma virtude — um sinal saudável de humildade. Há coisas que não sabemos. Pode até haver coisas que nunca saberemos. Mas muito do melhor que experimentamos na vida não é algo que conhecemos ou não. As melhores perguntas são aquelas sem respostas.

Na última tirinha da história em quadrinhos de *Calvin e Haroldo*, Bill Watterson, o artista, mostrou Calvin, um menino de seis anos, descendo de tobogã alegremente uma colina recém-coberta de neve pura ao lado de seu tigre de pelúcia, Haroldo. Calvin comenta com Haroldo que é um dia cheio de possibilidades. Então ele diz: "É um mundo mágico, Haroldo, velho amigo... Vamos explorá-lo!"

A exploração é parte do que torna o mundo tão mágico. Ao longo dos anos, à medida que experimentei a vida, tornei-me menos economista e mais "calvinista". A importância de explorar é uma maneira de entender que você é uma obra em andamento. Você precisa pensar um pouco para onde quer ir e quem será quando chegar lá. Aqui está o meu conselho poético para a viagem. Vamos chamá-lo de "Conselhos de Viagem".

Cuidado com o desejo da certeza.

A tranca mortal.

A coisa certa.

A sedução do pássaro na mão.

Talvez uma ou duas vezes, coloque todos os ovos em uma cesta.

Arrisque.

No romance. Convide-a para sair. Ou ele.

Abrace a dúvida.

Passeie pela orla.

Deixe a segurança da luz da rua.

Deixe o conforto da fogueira.

Aproveite a noite.

Sem ser um vampiro.

Encontre companhia.

Faça amigos, reconcilie.

Superstar? Tente ser parte do elenco.

Vá longe, mas não vá rápido.

Estique. Alcance.

Às vezes, para chegar mais alto.

Não corra. Ande.

Às vezes, espere e observe.

Experimente o uísque defumado.

Não é legal? Experimente duas vezes.

Ou três.

Pelos princípios, ignore o preço.

Não se acovarde.

Flor,

Floresça.

Alimente

Seu fogo interior.

Tenha aspirações.

Sonhe. Melhor ainda — sonhe alto.

Desejo-lhe uma vida bem vivida, com tempo na piscina e longe dela, fazendo coisas que sejam significativas para você e para quem está ao seu lado.

Boa viagem.

Agradecimentos

Escrever um livro é como fazer uma viagem a Roma. Tive a sorte de ter vários companheiros especiais nessa jornada. Sou grato à minha editora da Portfolio/Penguin, Bria Sandford, por seu otimismo, discernimento e devoção em tornar este livro maior do que eu poderia sozinho. Minhas conversas com ela, juntamente com suas sugestões específicas para aprimorá-lo, tiveram um grande impacto no que você leu aqui. Quero agradecer ao meu agente, Rafe Sagalyn, que me manteve focado, como sempre faz, no tema do livro. Maureen Clark fez um excelente trabalho de edição, com excelente assistência de revisão de Mike Brown e Katy Miller. Eles, juntamente com Randee Marullo, descobriram e corrigiram muitos dos meus tiques de escrita e, ao fazê-lo, tornaram este livro uma leitura mais agradável.

Quero agradecer a Jonathan Baron, Don Boudreaux, Agnes Callard, Ben Casnocha, Tyler Cowen, Yuval Dolev, Angela Duckworth, Carolyn Duede, Phoebe Ellsworth, Shalom

Freedman, Julia Galef, Lisa Harris, Avi Hofman, Rebekah Iliff, Dan Klein, Arnold Kling, Moshe Koppel, Barbara Kupfer, Lauren Landsburg, Penny Lane, Richard Mahoney, Robert McDonald, Michael Munger, Emily Oster, Niki Papadopoulos, Azra Raza, Aryeh Roberts, Ezra Roberts, Joe Roberts, Shirley Roberts, Yael Roberts, Zev Roberts, Bevis Schock, Hyim Shafner, Spencer Smith, Rob Wiblin e Shawn Wood pelo apoio moral, comentários úteis, conversas sobre problemas indomáveis ou reações a vários rascunhos.

A. J. Jacobs me colocou em uma boa direção desde o início e teve muitas sugestões úteis. Gary Belsky, como sempre, deu-me conselhos incansavelmente bons e percepções cruciais do início ao fim. Seu conhecimento da literatura sobre tomada de decisão foi particularmente útil. Sua confiança no projeto me sustentou em alguns momentos difíceis. Meus novos colegas no Shalem College, Leon Kass e Dan Polisar, ajudaram-me a encontrar meu caminho quando *Problemas Indomáveis* era o mais indomável dos problemas. Leon me lembrou o que realmente é o florescimento. Sou especialmente grato a Dan pelas inúmeras edições de trechos valiosos e por me ajudar a reestruturar o manuscrito com sucesso em um momento crítico. Uma conversa com Zev Roberts me ajudou a encontrar a chave para desvendar a estrutura da última parte do livro.

Quero agradecer a Dan Gilbert por compartilhar seu texto inédito *Three Views of Water: Some Reflections on a Lecture by Daniel Kahneman*, bem como por uma troca de e-mails muito

Agradecimentos

provocativa sobre o porco versus o filósofo. Embora ele concorde que eu o representei de maneira justa na discussão aqui, ele continua não convencido de meu argumento que, à sua maneira peculiar, deixa-me feliz. Quero agradecer a Paul Bloom por me alertar sobre as opiniões de Gilbert.

Sou grato a Julia Galef por um debate provocativo e civilizado sobre o valor das pesquisas de felicidade para ajudar as pessoas a decidir se devem se tornar pais. Nossa conversa na *Pairagraph* me ensinou algo e aguçou minha própria perspectiva.

Quero agradecer ao meu seguidor do Twitter, Nate Wilcox, que fez a pergunta que usei no capítulo 1, que me ajudou a pensar sobre o assunto deste livro: "Se as coisas importantes são difíceis de avaliar e as coisas avaliáveis são enganosas, que tipo de estrutura de decisão nos resta?"

Graças ao apoio do Liberty Fund, pude apresentar meu *podcast* semanal, *EconTalk*, por dezesseis anos. Isso me permitiu fazer perguntas a pessoas muito inteligentes e interessantes sobre coisas que me interessam. Nos últimos anos, a vida bem vivida me atraiu, o valor da pesquisa sobre felicidade, como encontramos significado, os limites da economia na avaliação do bem-estar e muitos outros tópicos relacionados a este livro.

De muitas maneiras, este livro nasceu de conversas com os seguintes convidados do *EconTalk*: Michael Blastland, Paul Bloom, Robert Burton, Lorne Buchman, Agnes Callard, Luca Dellanna, David Deppner, Richard Epstein, Julia Galef, Gerd

Gigerenzer, Roya Hakakian, Daniel Haybron, Margaret Heffernan, Leon Kass, John Kay, Mervyn King, Dan Klein, Iain McGilchrist, Jerry Muller, Michael Munger, Scott Newstok, L. A. Paul, Richard Robb, Emiliana Simon-Thomas, Peter Singer, Rory Sutherland e Nassim Nicholas Taleb. Você pode encontrar esses episódios em russroberts.info/wildproblems [conteúdo em inglês].

Muitas dessas conversas e os livros em que se basearam afetaram meu pensamento de maneira que não consigo mais separar de meus próprios pensamentos. Esses convidados do *EconTalk* certamente não concordam com tudo aqui; alguns discordariam fortemente do que escrevi. Mas todos eles me ensinaram alguma coisa, mesmo que eu nem sempre possa apontar de forma precisa o quê exatamente. Se eu inconscientemente usei suas ideias, por favor, perdoem-me meus convidados do *EconTalk*.

Sou grato a Stripe e Nikki Finnemann pela oportunidade de apresentar alguns dos meus primeiros pensamentos sobre o desafio de tomar decisões analíticas usando dados.

E como acontece com todos os meus livros, eu não poderia ter chegado aqui sem os conselhos, comentários e apoio de minha esposa, Sharon. Juntos, demos muitos saltos no escuro, longe da luz da rua. Que bênção tem sido tê-la ao meu lado.

Fontes e Leitura Adicional[1]

Dois livros e um artigo foram fundamentais para meu pensamento enquanto traçava o curso deste livro; vale muito a pena ler os três: *Aspiration*, de Agnes Callard; *Transformative Experience*, de L. A. Paul; e *Big Decisions: Opting, Converting, Drifting*, de Edna Ullmann-Margalit, em *Royal Institute of Philosophy Supplement* 58 (2006): 157–72. As entrevistas que fiz com Callard e Paul para o *EconTalk* sobre seus livros foram muito úteis. O conceito de Paul sobre o problema dos vampiros me fez pensar sobre a racionalidade sob uma luz totalmente nova.

Lorde Kelvin disse: "Quando você pode avaliar o que diz e expressá-lo em números, sabe algo sobre isso; mas quando você não pode, seu conhecimento é escasso e insatisfatório: pode ser um começo, mas você mal avançou, em seus pensamentos, para o estágio da ciência, qualquer que seja o assunto." A citação é de

---

[1] A editora não se responsabiliza pela manutenção e atualização dos conteúdos dos sites indicados.

Popular Lectures and Addresses, vol. 1 (1889), *Electrical Units of Measurement*, proferida em 3 de maio de 1883.

O que está gravado em pedra na Universidade de Chicago é uma paráfrase: "Quando você não pode medir, seu conhecimento é escasso e insatisfatório." Em 1959, Vernon Smith foi convidado por George Stigler para apresentar um artigo na Universidade de Chicago. Ambos os homens viriam a ganhar o Prêmio Nobel de Economia. Smith conta a história de que, quando chegaram à citação, Stigler brincou: "E quando você *pode* medir, seu conhecimento é escasso e insatisfatório!" Stigler era um economista muito espirituoso e muito empírico, mas gosto de pensar que sua piada era uma referência aos limites dos dados na compreensão completa do mundo.

Soube pela primeira vez das deliberações de Darwin sobre o casamento anos atrás em *Wing to Wing, Oar to Oar: Readings on Courting and Marrying*, a maravilhosa coleção de leituras sobre o amor editada por Amy e Leon Kass. O ensaio de Agnes Callard na *Boston Review* intitulado "Don't Overthink It" me fez voltar ao dilema de Darwin e me fez pensar sobre a tomada de decisões quando este livro estava nascendo. O ensaio da *Esquire*, de A. J. Jacobs, intitulado *Charles Darwin and How to Fix Valentine's Day* também me deu percepções sobre Darwin e muita diversão.

Informações úteis sobre o cientista e sua jornada conjugal vieram de sua autobiografia, que pode ser encontrada no site *Darwin Online* (darwin-online.org.uk) — você pode ver o diário manuscrito pesquisando por *CUL-D AR210.8.2* — e no *Darwin Correspondence Project* (darwinproject.ac.uk). Os dados sobre sua viagem no *Beagle* vieram do artigo da *Britannica*: britannica.com/biography/Charles-Darwin/The-Beagle-voyage.

A história de Francis Bacon veio do livro de Daphne du Maurie, *The Winding Stair*, e do livro de John Henry, *Knowledge Is Power*.

O uso de um índice de atributos para a contratação de um candidato a emprego é descrito em *Rápido e Davagar: Duas Formas de Pensar*, de Daniel Kahneman.

A citação de Elizabeth Stone de que decidir ter um filho é "decidir para sempre ter seu coração andando fora do seu corpo" foi citada sem atribuição em um ensaio de 1985 do *Village Voice*, escrito por Ellen Cantarow. A *Reader's Digest* reimprimiu a citação em 1987 e verificou que Cantarow estava citando Elizabeth Stone. Agradeço a Elizabeth Stone por confirmar essa história via e-mail pessoal.

As citações de Persi Diaconis vêm de uma palestra que foi reimpressa sob o título *The Problem of Thinking Too Much* (statweb.stanford.edu/~cgates/ PERSI/ papers/thinking.pdf).

O ponto de partida deste livro é que temos algum controle sobre nossa tomada de decisão e podemos conceber uma escolha racional. O livro de Luca Dellanna, *The Control Heuristic*, explora as maneiras pelas quais nosso cérebro dificulta isso e maneiras pelas quais podemos obter um pouco mais de controle.

A citação de John Stuart Mill sobre o porco e o filósofo vem de seu livro *O Utilitarismo*.

O livro de Paul Bloom, *The Sweet Spot*, lembrou-me que a dor tem suas virtudes e que não nos importamos apenas com quanto sofrimento experimentamos em relação ao prazer — a ordem em que experimentamos o sofrimento e o prazer também importa.

Não me lembro onde li a história do estudante que deve levar a pedra ao topo da torre. Se você conhece a fonte, por favor, escreva-me: russroberts@gmail.com.

O livro de Roger Scruton, *Where We Are*, e minha entrevista com Megan McArdle para o *EconTalk* sobre o livro, ajudaram-me a pensar sobre a centralidade do lugar em nossa identidade.

Para saber mais sobre Adam Smith e *The Theory of Moral Sentiments*, veja meu livro *Como Adam Smith Pode Mudar a Sua Vida*.

Para uma visão mais séria e potente do complexo de Penélope, leia o ensaio de Amy Kass, *The Homecoming of Penelope*, in *Apples of Gold in Pictures of Silver: Honoring the Work of Leon R. Kass*.

O artigo *Who Solved the Secretary Problem?*, de Thomas Ferguson, extraído da *Statistic Science* 4, no. 3 (August, 1989): 282–89, disponível em jstor.org/stable/ 2245639, é uma excelente e divertida introdução ao desafio de Martin Gardner na *Scientific American*. Inclui uma descrição fabulosa de como o astrônomo Johannes Kepler passou dois anos trabalhando sistematicamente com onze potenciais pretendentes ao casamento depois que sua esposa morreu de cólera. A tentativa angustiada de Kepler de escolher "racionalmente" sua próxima esposa é uma bela ilustração dos temas desse livro.

Minha apreciação da importância de tecer uma mortalha surgiu da minha conversa no *EconTalk* com Virginia Postrel sobre seu livro, *The Fabric of Civilization: How Textiles Made the World*.

A entrada da Wikipedia sobre *Satisficing* é uma introdução acessível à perspectiva alternativa de Herbert Simon para otimização. Os leitores mais corajosos podem ler o artigo de Simon que introduziu o termo: *Rational Choice and the Structure of the Environment*, in *Psychological Review* 63, no. 2 (1956): 129–38.

A Cerca de Chesterton pode ser encontrada no livro de G. K. Chesterton, *A Coisa: Porque Sou Católico?*

O Capítulo 8 é adaptado do meu ensaio *The Story of My Life* disponível em https://link.medium.com/M6E1ze00ppb.

O rabino Jonathan Sacks escreveu sobre contratos em oposição a alianças em seu ensaio *The Bonds of Love*, disponível em rabbisacks.org.

A visão de Ariel Rubinstein sobre a tomada de decisão racional vem das páginas iniciais de seu livro, *Economic Fables*.

As percepções de Harry Frankfurt sobre nossos desejos vêm de seu ensaio de 1971 no *Journal of Philosophy*, *Freedom of the Will and the Concept of a Person*. Eu exploro nossos desejos sobre nossos desejos em meu ensaio no *Medium*, *Wanting to Want What We Want*. A citação de Frank Knight sobre a formação de hábitos é de *The Planful Act: The Possibilities and Limitations of Collective Rationality*, em *Freedom and Reform: Essays in Economics and Social. Philosophy*. A citação de Knight sobre os seres humanos como seres aspirantes e não desejosos vem de *Ethics and the Economic Interpretations*, *Quarterly Journal of Economics* 36 (May 1922): 454–81. A citação de James Buchanan sobre ver a si mesmo como algo a ser criado é de *Natural and Artifactual Man*, em *What Should Economists Do?*.

A versão de Eliot Rosen da história dos dois cães (às vezes contada sobre dois lobos) vem de seu livro de 1998, *Experiencing the Soul*.

Minhas especulações sobre a estratégia de *draft* de Bill Belichick vêm de minhas observações ao longo dos anos, vendo como ele elabora e usa a pré-temporada para criar uma lista para a temporada regular.

A citação do rabino Jonathan Sacks sobre o desafio de saber algo até que o tenhamos feito vem de seu ensaio *Doing and Hearing* em rabbisacks.org.

A citação de William Faulkner sobre seguir seus personagens e escrever o que eles dizem e fazem vem de uma palestra como professor visitante em 1958 a uma turma de pós-graduação da Universidade da Virgínia (faulkner.lib.virginia.edu/ display/ wfaudio21).

Minha compreensão de Flaubert como um revisor inveterado vem do apropriadamente intitulado artigo *Writing as Thinking*, de Keith Oatley e Maja Djikic, *Review of General Psychology* (Março de 2008).

O poema de Elizabeth Bishop *One Art* está amplamente disponível na internet, juntamente com muitas interpretações poderosas. Experimente *One Art: The Writing of Loss in Elizabeth Bishop's Poetry*, da blogueira Beth em *Bluedragonfly10*, que mencionei no capítulo (bluedragonfly10.wordpress.com /2009/06/12/ one-art-the-writing-of- loss-in-elizabeth-bishop's-poetry), e *19 Lines That Turn Anguish into Art*, de Dwight Garner e Parul Sehgal (nytimes.com/interactive/2021/06/18/ books/elizabeth-bishop-one-art-poem.htm.

A percepção de Orson Scott Card sobre a importância da edição ao aprender a escrever veio de uma conversa pessoal que tivemos quando dei uma palestra na Southern Virginia University. Ele gentilmente compartilhou conselhos para o meu curso sobre redação e comunicação para estudantes de pós-graduação em Economia.

Índice

A

Adam Smith 84
Agnes Callard 139
algoritmo 170
aliança 121

    compromisso 121

Ariel Rubinstein 126
Atos de Bondade 82
autoaprovação 58
autoconsciência 111, 131
autodesaprovação 58
autoilusão 113

B

Benjamin Franklin 24
Bill Belichick 146, 148
Brexit 76

C

capacidade de solidão 109
casamento 21

    divórcio 80

Cerca de Chesterton 103

Charles Darwin 19

   dilema do
      casamento 23

custos e benefícios 47

D

Dana Gioia 109
Dan Gilbert 60
Daniel Kahneman 25
Dan Klein 143
decisões 13

   decisões da vida
      112

Divórcio 80

E

economia 13
EconTalk 177
Elizabeth Bishop 159
Elizabeth Stone 40
escolha de vida 43
Estado de Israel 70

F

filhos 44

paternidade 107

filosofia 17
filósofo

   138
   Dan Klein 143
   Harry Frankfurt
      138

flâneur 168
florescer 72

   contentamento 101
   propósito 101
   senso pessoal 75
   significado 101

Francis Bacon 22
Frank Knight 139
futuro 32

G

G. K. Chesterton 103
Grand Tetons 128

H

Hamlet 19
Herbert Simon 97
Hipócrita Feliz 142
home run 151

Hoover Institution 69

I

Iain McGilchrist 120
inteligência artificial 40
Irving Janis 58
Israel 69

    Estado de Israel 70
    judeu 70

J

James Buchanan 139
James Joyce 49
Jeremy Bentham 52
Jessica Todd Harper 33
John Stuart Mill 60
Jonathan Sacks 121

L

lado direito do cérebro 121
L. A. Paul 32
La Rochefoucauld 143
lealdade 122

amizade 77
casamento 72

Leon Kass 70
Leon Mann 58
Lorde Kelvin 13
Lorne Buchman 161

M

mãe 33

    paternidade 44
    ter filhos 42

Max Beerbohm 140
meditação 36

N

narrativas internas 113
NFL 146

    Bill Belichick 146

Niels Bohr 47

O

Onde Morar 74
Onde Trabalhar 76
Orson Scott Card 165

P

paternidade 39
- ser pai 72
- ter filhos. 72

Penélope 88
- Grécia 87
- Odisseu 87

Philip Larkin 41
planilha de Irv Janis 47
Prêmio Nobel 25
problemas 14
- problema de vampiro 152
  - pós-vampirescos 64
  - pré-vampirescos 64
- problemas domesticados 14
  - racionalidade 14
  - técnicas padrão 14
- problemas indomáveis 14
  - grandes decisões 13
  - selvagens 14

propósito 83

Q

Q.E.D. 50
quod erat demonstrandum 50

R

reductio ad absurdum 115
Roya Hakakian 74

S

salto 44
satisfação pessoal 123
Scientific American 89
Shalem College 69

T

TED 60
Tom Chivers 40
trade-off 129

U

Ulisses 87
utilitarismo limitado
 54

V

Villanelle 159

virtude da simplicidade
 136

W

William Faulkner 157

Este livro foi impresso nas oficinas gráficas da Editora Vozes Ltda.,
Rua Frei Luís, 100 – Petrópolis, RJ.